心田文化

良種紙上播　善筆植心田

中國命相學大系21

窮通寶鑑

命例拆局

［楚南］余春台原編
易天生 註釋

目錄

【窮通寶鑑】

論土

論金

論水

原序

春台氏序並書

上古首重性命之學，修身養心，以全天之所付，是性即命，而命即性也，後人祿命之術，莫知所自起，而精其術者，管公明、郭景純、李虛中輩。談人窮通生死，悉著其奇驗，則其由來舊矣，雖與性命之學異，然非窮通陰陽之妙，控造化之原，不能預識其機先也；今之業是術者，皆以子平為宗，考子平、五季人、名居易、紹虛中之傳，而損益其法，較精於前者，專重財官印食等取格，疑其猶有秘而未洩也，天道貴中和，氣多偏駁，陽過則剛，陰過則柔，吉凶倚伏，禍福雜糅，談命者藉此偏勝之隙，而察其端倪，造化元匙一書，獨得其秘焉，是書分上下兩卷，忘其作者姓名，相傳吾台先賢陳南陔先生得諸日官所授，論簡而賅，理微而顯，雖立一成之局，實具萬變之機，深參之可以通源，淺得之亦能微中，洵祿命之圭臬也，向為同人傳抄日久，不無魯魚亥豕之訛，今略為校正，而并摘祿命諸書之要者，以附於卷之後，付梓以公同好，而使世之人，知有命而安之，修其身以俟之，識其偏而補球之，亦未必非進學之一助也，是為序。

自序

由近賢徐樂吾先生所發掘出來的「欄江網」一書，經他編訂和註釋後，重新命名為「窮通寶鑑」，後來又將原文補充和改動後，加入大量命例，重新以「造化元鑰」命名，分上中下三冊再度推出，可見徐氏對此書的重視程度。

近世八字命學界普遍存在一個爭議，由原編者余春臺所重新編訂的「欄江網」，採用了與別不同的調候法，不用八字的五行旺弱，簡單地把人命分成十種，於每月配以幾個干支來論命，是一種四季調候法，於是大大簡化了批命程序，只要按書查閱，即能定出人命之格局高底，故而影響了日後不少八字算命者，事實上，本人初習命理時，亦曾每計一命都先查閱此書，發覺有些命例也頗能切合，覺得此書很有其參考價值，到了中後期，命學根底打穩且有了自信之後，便很少再以是書來對証人命了。

欄江網受到現代八字學術界的質疑，香港朱鵲橋老師一脈相傳，具備完整的五行旺弱操作法則，於是便與欄江網四季調候法有所抵觸，二是台灣學者潘東光先生，他極力反對偏執幾個干支，便棄五行整體於不顧。

因此「欄江寶鑑」一書的出版理念，會以探討學術為原則，先取正五行註釋為主，調候則作為參考，至於兩者的優點與缺點，讀者可以從每一個命例分析中，對照原文，以作判斷。

所謂法無定法，能與時並進，乎合當前實際環境，便是正法。

易天生　寫於：2022年2月21日

凡例

一　本書前身為「欄江網」，後來由徐樂吾先生加以編輯和註釋，並命名為「窮通寶鑑」，本書沒有收錄舊有註釋，而是重新註解，如讀者欲看徐氏釋文，也不難在網上或坊間找到。

二　筆者主張採用「正五行」論吉凶成敗，以「調候法」來調節身心平衡，並對原著作了不少辯証，希望對日後研究窮通寶鑑者有所幫助。

三　本書分成兩個部份，前段主要在甲木註釋上，除了保留原書的調候法外，更加入精密的正五行考量，把原文逐句註解。

四　乙木以後，開始專注於原著中的數百個珍貴命例，採用正五行配六神，刑沖會合加大運，來計算吉凶成敗，不用單一調候方式。

五　以調候法視作調節身心平衡之學理，相信是未來八字推命的一大課題，作者打算在日後繼寫調候法專書：五行形象圖說，以作補充。

五行總論

楚南　余春台編

這篇「五行總論」，可以說是整部欄江網的精華所在，作者余春臺在本書開首，即提綱捷領講出命學根本所在，証明余氏對命學之識見，看此篇入命理之門，對往後文章的理解將會更深。

因此，我將會對本文分段整理，再補上詳盡的註釋，望讀者能與原著產生共鳴。

為了不流於「江湖」，讀者們必須打好五行學理的根底，這比一切都重要，因為本書再往後看下去，便是十天干四季調候法，以各個月份來論命格高低，這確實很簡易，略有八字基礎的人都看得懂，但問題是，有一些急於求成的人，在尚未有五行根底的情況下，胡亂與人論命，便會造成很大的影響，因此，大家在學這部「欄江寶鑑」之前，不但要先認真了解這篇總論，更要多看其它命書，打好五行的基礎，然後再回過來看其它文章，按部就班，才不會脫離五行之正軌。筆者註書的目標，便是帶大家融入正五行的生活，以體察命運。

五行者，本乎天地之間而不窮者也，故謂之行。

五行在現代人的眼光，可以看成是世間萬事萬物的形成，構成世界的各種元素，是一種「基因」，也是一種「本質」（可參考筆者的八字基因一書），是最根本而又直接的東西，但當這五種「行」互相交錯時，便會互為因果地產生多元化、多角度的立體現象，這時情況便不再簡單，會複雜得多，正如我們立足的這個世間，它是一個複雜體。

生命過程是複雜的，世間上沒有一個人的命運是絕對簡單的，從出生到讀書，學習到考試，工作和進修，人與人之間的競爭，還有愛情、婚姻、組織家庭和生兒育女等等，沒有一件事情是簡單的。

我們通過了複雜的人生變化，便如文中所指「本乎天地之間而不窮」，原來人生是不斷在變化的，亦即五行氣之消長，因此有下一句「故謂之行」，這個行是很種要的，是指世間和人類一直能「行」下去，就是靠這個行：五行，金木水火土這五種元素。

北方陰極而生寒，寒生水。南方陽極而生熱，熱生火。東方陽散以洩而生風，風生木。西方陰止以收而生燥，燥生金。

東南西北四個方位人皆知曉，但很少人會閉上眼去感受身處的地方，到底是屬於地球上那一個方位，原來這裡所說，不單止可以用眼來探知自己身處何方，還可以用「感覺」。

文中的說法是，以北方為陰寒之地，這裡因為背著太陽的時間長，故令人產生陰寒的感覺，南方則不同，較能受陽光空氣的照暖，所以人們也喜歡於此方位定居，至於東方風較強，西方則有中午的西斜情況，令家居午後受到日光暴曬的關係，故亦較少人喜歡在此安居。

中央陰陽交而生溫，溫生土。其相生也，所以相維，其相尅也，所以相制，此之謂有倫。

八字命理以中央為土，一般人都忽略了這個五行中央土的重要性，但只要大家加以留神，便會發覺到土在八字中其實佔著很大多數。文中所提到的「相維」和「相制」，五行之氣相生，這合乎大自然的規律，故而有一種互相維護的關係，即金生水、水又生木，木生火、火又能生土，繼而土生金，如此便成為循環相生的良好狀況了。相反五行之氣相逆，便會造成一種相制的情況了，此即金剋木、木剋土、土又剋水、水剋火、火又剋金，如此便會形成互相剋制的狀況了。

一般人都以為只有相維相生的好，相制相剋便不好，其實世間的萬事萬物，都是以相生和相剋這兩種關係形成的，例如你每天工作、賺錢、養家，這是基本相生的現象，但工作會令人疲勞（相剋），於是要休息（相生），肚子餓了要吃東西，吃下（相生）我的東西後，因為不能全都留在體內，故須把（相剋）的部份排出體外。人就是這樣子生存下來（相生），但也會因為身體與天時、大自然環境的不配合（相剋）而生病，但不要以為相生便不會有問題，生得太多，等如吃得太多，亦會生病，睡得太多亦不健康，因此人要勞動和工作，略有點疲勞也是好的。

火為太陽，性炎上。水為太陰，性潤下。木為少陽，性騰上而無所止。金為少陰，性沉下而有所止。土無常性，視四時所乘，欲使相濟得所，勿令太過弗及。

余氏在這裡的解釋，就配合了易經，點出五行精要所在，我們更須要認真記下來。

易經的卦象中有太陽、太陰、少陽、少陰等「四儀」，是以一陰一陽兩個爻交合而成的，這即意味著這五行各個屬性，是由天地陰陽相交下，產生出來的外在情況，反映了世間的萬事萬物，包括了四時氣候和人類的吉凶禍福。

火之性是炎上的，一般人很難理解這個炎上是甚麼？其實是指向外擴散，是一種動力，也是一種能量，簡單理解，熱力便很切合這個火的性情了。

此外水何以稱為「潤下」？潤下者即來回不息，流動圓滑，這是水的性情，水是至柔的物質，但力量也不能小覷，它能夠沖倒無數的建築物。

木之性情主要是不斷向上伸展，沒有任何東西可以攔阻到它，這也代表了一種不斷向上不向下流的高尚情態，木又反映修長和秀氣，所以世間上每一種向上發展的東西，我們都可視之為木，最簡單當然是植物和樑柱之向上發展性情，若然是現代建築的石柱，甚至是整座樓宇，其雖有土之質，卻有木之情。

至於金，文中所說是沉下而有所止，意思是實體，硬物，並有重量的，因此而以沉下來形容它的性質。又提到止之一字，這又有一種堅剛不動和封閉隔絕之意。

最後講到的是土，這個土的性質甚為複雜，因為它是集合了各種其它元素所成的凝固物，因此文中以「土無常性」來形容它。這個形容得很特別，何為「沒常性」，難道土不是沙石泥土？而是一種變化萬千的東西嗎？

說實在，土真的不單是指泥土，泥土只屬於土其中的一種性質而已，真正的土，是由其餘四種五行即「金木水火」等力量和物質所形成，大家不明白嗎？可以想想看，美國的世貿中心是怎樣倒下來的？是包含著「火：爆炸」燒「金：鋼根」斷裂「木：向上伸展」下墜「水：由剛變柔」，所有元素在一時間產生衝擊和分解，化成灰塵，結果是甚麼都不見了只見到一大堆「土」。

土還有一個特性，就是代表了「四時所乘」，即一年四季，季與季的中間交接期，因此十二地支：寅卯辰巳午未申酉戌亥子丑代表的十二個月份，寅木為正月，卯木為二月，辰土為三月，巳火為四月，午火為五月，未土為六月，申金為七月，酉金為八月，戌土為九月，亥水為十月，子水為十一月。大家可注意到，其順序是：

木木土火火土金金土水水。（註：土是間於金木水火四行之間的）

夫五行之性，各致其用。水者其性智，火者其性禮，木其性仁，金其性義。

五行因為其無所不在，故落在人的身上，又代表了人的各種性情，這已經不是最初的元素，而是人受到了外在因素影響下，所產生出來的性情，叫作「五常」，即：

「水主智、火主禮、木主仁、金主義、土主信」。

這個「五常」，在很多書本上都有提到，在筆者的「八字基因」一書，有進一步的詳盡分析如下：

惟土主信，重寬厚博，無所不容：以之水，即水附之而行；以之木，則木托之而生；金不得土，則無自出；火不得土，則無自歸。（摘自：八字基因）

這裡所說的是以土為重心，對向其餘的四行時，所產生出來的情況，先是用水對向，因為土可以建立堤壩，疏導水流，所以便能夠產生一種剋制水，令水順著而流的功效，故而水附土而行。

至於木，木何以是托生於土呢？五行以木剋土，土為受剋者，於是在木之下生存，像大地上的泥土，不就是這個樣子嗎？樹木正正是賴土以向上生長，跟土和水一般，同樣是一種互相依存的狀況。

金又可以不得土便無「自出」呢？這個自出又是甚麼呢？五行中以土生

金，如金沒有了受生的機會，那便會虛弱以至無法生存了。火生土是為之洩秀，火性太烈，尤須土以宣洩，令氣得以疏通，若火性過猛烈，亦會走上不歸之路而自焚。

必損實以為通，致虛以為明，故五行皆賴土也。

這裡提到「損實」與「致虛」這兩件事情，先講甚麼是損實，每一個五行均不宜太強，太強旺為之實，無論是金木水火都不宜，這是八字推命的常理，故以土之力間之而得到致虛的效果，旺氣得以疏通，弱則能夠幫扶，故而五行不能缺土，這個正是余氏對五行的觀念。

推其形色，則水黑、火赤、木青、土黃，此正色也。

這裡所指的是為五行的「正色」，很多人都曉得，都知道，但這世間不是全都是由這五種單純的正色所組成，都夾雜著其它的色彩，或多或少，有深有淺，因此又有下面的說明。

及其變易，則不然。常以生旺從正色，死絕從母色，成形冠帶從妻色，病敗從鬼色，旺墓從子色。

當五種正色受到其它四種顏色的混合時，變化便即產生，此時「正色」便不是單純的色素。這裡以十二生旺庫的各種不同階段來比喻五行色的變化過程。

十二生旺運，是由胎養長生至冠帶，祿旺衰病死到墓絕，配以五色，都是古時理解五行的一種方法而已，如文中所指，若以火色為例，火旺生於夏天四五月為正色，從母色是指春天木旺之時，妻色則指秋天金旺之時，鬼色指的是冬天水旺之時，子色則是指四季即金木水火土之間。其實都是指某一種五行，落在那一個季度便會有不同的效果，這便是本書後面要告訴大家的每個季度所影響的不同命運。

其數則水一、火二、木三、金四、土五。生旺加倍，死絕減半。

五行易數，在正五行批命中很少用得著，古時於沒有計算旺弱的情況下，方便推算，便會用到這個五行易數來，作為參考即可。

以義推之，夫萬物負陰而抱陽，沖氣以和。過與不及，皆為乖道。故高者抑之使平，下者舉之使崇，或益其不及，或損其太過。所以貴在折衷，歸於中道，使無有餘不足之累，即才官印食貴人驛馬之微意也。行運亦如之，識其微意，則於命理之說，思過半矣。

大多數人都錯誤理解「窮通寶鑑」，以為其不論人命之身旺身弱，只求四季時令，但看本文便將有所改觀。文中說到一個很重要的理念，就是推命最終都以五行取得平衡來作依歸，亦即我們正五行取旺弱，因此用上了「過與不及」、「仰之使平」、「益其不及」等字眼，並以「折衷」之法來令人命得以中和及平衡，以歸「中道」。

以上總總，都是主張八字取身旺身弱的論命法，且用才官印食等六神之配合，這也是余氏所認同的。因此，結論是，「窮通寶鑑」一書，它裡面所用的獨有論命方式，都是建基於八字正五行旺弱法的，並沒有如一般人所看成的那樣，八字分成兩派或兩種不一致的看命法，更不構成矛盾和對立。

論木

木性騰上而無所止，氣重則欲金任使，有金則有帷高帷斂之德。仍愛土重，則根蟠深固，土少則有枝茂根危之患。木賴水生，少則滋潤，多則漂流。

這裡無非說明五行須要平衡之理，以木為日主，八字重心在木，若其木性太旺便會無所止，需要其它四種五行以不同形式來與之相抗衡，取得中道。

甲戌、乙亥、木之源。甲寅、乙卯、木之鄉。甲辰、乙巳、木之生。皆活木也。甲申、乙酉、木受剋。甲午、乙未、木自死。甲子、乙丑、金剋木。皆死木也。生木得火而秀，丙丁相同。死木得金而造，庚辛必利。生木見金自傷，死木得火自焚，無風自止，其勢亂也。遇水返化其源，其勢盡也。金木相等，格謂斲輪。若向秋生，反為傷斧，是秋生忌金重也。

本文所指的是六十甲子中，以甲木天干配地支所得出的五行屬性，都以古法納音取五行。但此法至現代已經甚少用到，是宋代以前尚未有子平法時所盛行。

木生於春，餘寒猶存。喜火溫暖，則無盤屈之患。藉水資扶，而有舒暢之美。春初不宜水盛，陰濃則根損枝枯。春木陽氣煩燥，無水則葉槁根枯。是以水火二物，既濟方佳。土多而損力，土薄則財豐。忌逢金重傷殘剋伐，一生不閑。設使木旺，得金則良，終生獲福。

木生於春，即是日主屬甲或乙木，生於寅卯辰其中一個月份，以地支的力量來計算，正月、寅月和二月份卯月，兩者都深具木之主氣，但辰月支藏土、水、木，木只是餘氣，力有所不及是必然的。

木生春月，是為比劫當時得令，身較強旺，所以喜用食神洩秀為宜，是春生之木的最理想配搭。如果春生木日主的異黨較強大，便須要有印來扶持，但亦不宜多，多則比劫有損財星。春木用印，是要在身弱的條件下方能成立，身略旺則最宜傷官配印，是為上局。

春木土多以致身弱，財星太旺時損財，相反身旺略帶財星反而能得財富。

春木忌見重金，亦即官殺過重，以致身弱，若成戰局時，身心最易受到傷害，身旺則不同，即本身比劫眾多，見一二官或殺者，反主得權威。

夏月之木，根乾葉燥，盤而且直，屈而能伸。欲得水盛而成滋潤之力，誠不可少。切忌火旺而招焚化之憂，故以為凶。土宜在薄，不可厚重，厚則反為災咎。惡金在多，不可欠缺，缺則不能琢削。重重見木，徒以成林，疊疊逢華，終無結果。

日主是木，生於夏天，即以食神當令，如透干即是盤根，如此日元定弱，故必以印星生身為用，干支通根生扶之力絕不能少，成傷官配印之局更能顯貴。夏天之木最怕是食神太多太強，洩盡日主元神，必招耗損。

日主是木，生於夏天生，即是日主屬甲或乙木，生於巳午未其中一個月份，以巳月和午月主氣之火為食神當令，未月是火之墓庫，配合午之相合，仍可化火增力，否則未土是退氣之火，其力已略見不足。

木日主見土是為財星，但既生夏月身已弱，食傷生財才必令日元弱上加弱，不單止不見其財，反招災咎。生於夏天的木日主，

另外最忌見金多，即官殺太重，但金又不能完全缺少，因為官殺能生印，又轉化財星令其不去剋印，若命中缺印身又弱的話，便一點官殺也不能用了，用之有害無益。木日主若見八字全局皆木，但因為月令是異黨火食傷星，故不

能從，不能入專旺格，於是這一個食傷星便為用神，還生助之則大發，剋合去之則大敗。

秋月之木，氣漸淒涼，形漸凋敗。初秋之時，火氣未除，尤喜水土以相滋。中秋之令，果以成實，欲得剛金而修削。霜降後不宜水盛，水盛則木漂。寒露節又喜火炎，火炎則木實。木多有多材之美，土厚無自任之能。

秋天的木，即出生日為甲乙木，生於申、酉、戌月其中一個月份，以地支的力量計算，申月和酉月兩者都深具金之主氣，但戌月支藏土火金，金只屬於餘氣，力有所不遞。

木生於秋天，官殺星甚旺，剋身之力重，其說初秋時喜以水土相滋，即是指木坐申金八月，以水印星生身敵官殺和食傷以制官殺，當然，書中沒有說到，身旺和身弱的關鍵，身弱者便不宜見食傷洩身制殺了，這會容易出禍患，最好還是以印化殺生身較為安全。除非食傷很輕，官印都重，這又當別論，可借一點食傷以令格局添上貴氣。

到了中秋即酉金九月，正值金的主氣，如干透支合的話，此即成從殺格，所以文中簡略地說剛金修削。冬天將至的戌土十月份，內藏火土金，三氣順生，但也不至於木日主身強，有印星來生有何不可？水多也有戌土之制，何來木漂，故不應單單以十月寒露和霜降來判定其時出生之木日主的喜忌，一切都以正五行計算更清晰。

總之生戌月土重之木命人，即財較旺，如能得印星生身又有官護印，便不怕財星破印，命較安全。

冬月之木，盤屈在地，欲土多而培養。惡水盛而忘形。金總多不能剋伐。火重見溫暖有功。歸根覆命之時。木病安能輔助，須忌死絕之地，只宜生旺之方。

冬季之木，即出生日為甲乙木，生於亥、子、丑月其中一個月份，以地支的力量計算，亥月和子月兩者都深具水之主氣，但丑月支藏土、金、水，水只屬於餘氣，其力有所不及。

木生於冬天，是印星得令，主有身強之機，最喜見土，即財星在命，身旺見財便能得享財富，最忌是水太多而財星弱，身弱印重而洩弱財星，便是窮人居多。又提到木生於冬天因有印星之力，故不畏官殺多，亦不能對日主構成剋害。若見食傷連根則成傷官佩印之局，乃顯貴之命，但食傷過重亦須日主強旺，月令以外見合力或助旺方吉。

最後文中說到「歸根覆命」和「木病安能助」，講得甚不明白，言詞隱晦，相信是要說木日主生冬月水重印旺，就不宜再見木之根生在地支了，這樣反而造成弊病，不能助日主，反而令日主太旺了，所謂好心做壞事。

當命主因印比太強旺而成「專旺格」時，便忌行十二生旺運的「死、絕」之地，即「甲、乙木死於午火，絕於申、酉金」，其實可以不用那麼複雜，很簡單地說，專旺命最宜比、劫、印星在地支多見，忌見剋洩的干支，只宜印與比劫星。但這點書中未有說明，甚至專旺格也沒有提及，為了讓讀者明白，故而在此稍作補充。

三春甲木總論

論過了木的特性後，此處又開展新一頁甲木總論，專題地深入探討「三春甲木」，是指春天裡的寅卯辰這三個月，生於甲木的人，到底這個陽木者命運各種狀況，要有甚麼干支配合才會天生好命呢？我們馬上就開始看看！

春月之木，漸有生長之象。初春猶有餘寒，當以火溫暖，則有舒暢之美，水多變剋，有損精神。

原著以甲木生春天者，正值生長期，故而生於寅木月主氣重之月份，亦即月令坐比肩主氣，得到助旺。

木旺於春天，由冬天到了初春時，生機續漸形成，萬物開始成長，初春者寅月是也，寅中藏干有甲丙戊，內藏著木生火，火生土這個生發之機，最後落在一個戊土之上，亦即暗示了火洩氣於土，故而有甲木生丙火之漸有生長，火溫暖之景況，但餘寒在於剛由前之冬季之水而來，故不宜水多，但文中水有「水多成剋」一語，必須解釋清楚，水生木為相生，又何以成剋呢？水要剋的主要是火，這裡其實是想講，初春之木最須要的溫火，水多便會失去照暖作用，如身旺而造成阻塞，更會影響身體健康，故而有損春木之精神。

徐樂吾在他的造化元鑰中，刪去了「水多成剋」一句，可能他抱有其見解之故。

水多變剋，有損精神，重見生旺，必用庚金斲鑿，可成棟樑。

至於水多變剋的看法，即生於春月的木命主，若水重而旺，以至身旺極而造成阻塞，可影響身體健康。

「重見生旺」之句是要說明命理的旺與弱，因為是重見木氣之故，但為何要用七殺制比劫之勢，其實是不想因為身旺比劫分財而已，用殺護財不失是一條明路，但切記！要真的是身旺方可取用七殺，否則引起鬥爭，在所難免。

春末陽壯水渴，藉水資扶，則花繁葉茂。

春末即指甲木生於辰三月，土氣旺之月份，因為陽壯而要水，辰月之後便是夏天的來臨，故而說要水，其實簡單用正五行便知曉，單獨以辰月觀之，若土透支合成水局的話，便是官殺重而須以水印星作化殺生身化解，如是者即官印或殺印相生，故能顯達。

初春無火，增之以水，則陰濃氣弱，根損枝枯，不能華秀。春末失水，增之以火，則陽氣太盛，燥渴相加，枝枯葉乾，亦不華秀。

這裡說的是初春寅木正月，甲木植此時，身易旺而不易弱，身旺命不喜印星是常理，怕其阻塞日主。至於生三月辰土時，無印星而有食傷者，指陽氣盛而欠佳，這又要身弱方真，一般身旺都以食傷洩秀為美，這點大家看時要懂個中因由。

是以水火二物，要得時相濟為美。

甲木日主，命局中得水火二物，即印星和食傷星，能「相濟」即中和，身弱用印，身旺用食傷，自然乎合命之需求。

三春甲木

總結過春天的屬甲木人後，我們可以再看看仔細的逐月分析，這是原作者再拆細的寫法，十分之有系統，這是古書所很少見的做法，多數都是前後沒有區分，故常有深的在前，淺的在後之情況。

本書不取太深的理論，以簡單的方式論命，令讀者能夠即學即用，是一個很聰明的做法，但讀者們就要知道一點，人命何止千千萬，採取這種統一分類的方式來論命，必須要通曉五行「判旺弱」和「明喜忌」的良好基礎下，方能善用「窮通寶鑑」一書。

以下就是原書把人命分成十二類，再分十二個月，逐月細解。

正月甲木

正月甲木，初春尚有餘寒，得丙癸逢，富貴雙全。癸藏丙透，名寒木向陽，主大富貴。倘風水不及，亦不失儒林俊秀。如無丙癸，平常人也。

春生甲木日主的人，亦即是生於二，三和四月間，寅卯月生人，木氣較强，但未必身旺，還須看四柱中有否木氣之干支透藏，合化成木，或多水生旺日主。

這裡未有交代八字的強與弱，卻指明春木須得丙火和癸水透干，便能富貴雙全。生於正月寅月的甲木人命，因月令有比肩主氣或印星扶持，若透干寅亥或卯辰之合者，或八字原局除日主和月令外，有兩三個比肩或印星，都屬於身旺。身旺者得傷官及正印透出，是為身旺之傷官配印，主富貴雙全。

生甲木日主的人，亦即是生於二，三和四月間，寅卯月生人，木氣較強，但未必身旺，還須看四柱中有否木氣之干支透藏，合化成木，或多水生旺日主。這裡未有交代八字的強與弱，卻指明春木須得丙火和癸水透干，便能富貴雙全。又因身旺比劫有食傷吐秀，舒發旺氣，故亦不失是儒林俊秀。

若身旺木多，比劫強旺，身太旺，命中卻無半點食傷，或食傷被剋被合而去，都是平常人沒甚麼大作為。

正二月甲木，素無取從才、從殺、從化之理。

這裡提出一個很獨到的原則，就是月令生於寅月或卯月者，甲木日主都不能論從，即不會入「從格」。

或一派庚辛，主一生勞苦，剋子刑妻，再支會金局，非貧即夭。

所謂的一派庚辛，是指八字滿盤都是官殺，剋身太過，於是乎月令得氣也沒有用，受到直接的剋制，其人命運艱辛困苦。若論到刑妻又剋子，這是由於官殺佔局，財官都是忌神的關係。若甲人官殺太重，再遇到地支有申酉戌三會金局，或巳酉丑三合金局，身弱不從的話，必為貧夭之命。

如無丙丁，一派壬癸，又無戊己制之，名水泛木浮，死無棺槨。

甲生寅月者，局中無食傷星，即欠缺了疏通，更有很多印星助旺本命時，其人須要有財星破印，若無，主必為貧困之人，因歲運財來即被洩弱，難享福祿。

如一派戊己，支會金局，為財多身弱，富屋貧人，終生勞苦，妻晚子遲。

若命中滿盤官殺，地支又會合申酉戌財局時，是為財多身弱，主富屋貧人，這個名詞是為有錢人打工做事，自己多數身份低微，因其身弱難擔財官，故無事業地位可言。

或無庚金，有丁透，亦屬文星，為木火通明之象，又名傷官生財格，主聰明雅秀。一見癸水傷丁，但作厚道迂儒。

甲生於寅月，又有這個情況，就是八字中全無官星，但卻有食傷，而且是天透地藏，根氣甚強，此即是八字基因法的「比劫生食傷格」，這類命的人最能表現出聰明雅秀的氣質。如命中有印星透出來剋奪食傷星時，若命中無比劫轉化印星，其貴氣便會大大減低，印星會因歲運之影響，常會受到小人是非的煩擾，故而運氣亦不能持久。

或柱中多癸，滋助木神，傷滅丁火，其人奸雄梟險，曹操之徒，言清行濁，笑裏藏刀。

若見八字中印星多見，其時便會令日主生旺過甚，這時候印星亦會變成阻塞命運的忌神，性格亦奸惡起來。

若庚申、戊寅、甲寅、丙寅。一行金水運，發進士。

殺	庚申	殺
才	戊寅	比
	甲寅	比
食	丙寅	比

大運

己	庚	辛	壬	癸	甲
卯	辰	巳	午	未	申

此命支下寅木三連，木佔月令，可知身旺，年支出現一申敵三寅之沖刑，大運分別是：己卯、庚辰、辛巳、壬午、癸未、甲申，所指的金水運相信是落在庚和壬運，辛巳運卻欠佳，這個一般人可能有所不知，辛巳表面看來是金坐於火，誰知辛巳與原局天地化合，即丙辛和巳申化水，此為將在外軍令有所不受，丙辛與巳申之化雖無月令主氣，卻能干支自引化，但身旺忌水，另外還有一個易為人所忽略的「解沖」效應，巳申合可解沖，理論上這個解沖之吉力，可以抵消化忌之凶，故無大礙，但解沖卻是整體身心健康快樂，這當然比名利較為重要，而庚辰運早建基礎，壬午運更是三合火局吐秀，故能發進士。

或甲午日庚午時，此人必貴。但要好運相催，不宜制了庚丁。

殺 庚申 殺
才 戊寅 比
　 甲午 傷
殺 庚午 傷

大運

甲癸壬辛庚己
申未午巳辰卯

如原文所說，改了日時為甲午日庚午時會怎樣？仍然是甲木日主，但如今日坐午支，寅午雙合可解沖，合而不化，申金之力較前命足，庚金七殺兩頭掛，且有根，身弱太甚，弱不堪扶，故必須入「假從格」，加上有運，才能貴顯，否則正格者身弱極怎能承受七殺之克伐。

或支成金局，多透庚辛，此又不吉，號曰木被金傷，若無丙丁破金，必主殘疾。

若無丙丁破金，必主殘疾

比 甲戌 才
殺 庚寅 比
　 甲申 殺
官 辛酉 官

大運

丙乙甲癸壬辛
申未午巳辰卯

本例如原文所說，群金圍困命主之木，因命有兩木自黨而不作從論，正格身甚弱，支下申酉戌三合金局，上透庚辛夾剋甲木日主，金豈有不傷，即使有丙丁火，也須要連根強火才能制金，但同時亦會洩弱日元，木被金剋是主筋骨傷患之象，大運行到庚辰和辛巳時，便與地支合金成化，透干剋傷命主，幸有水尚能保命，但難免意外傷殘。

或支成火局，洩露太過，定主愚懦，常有啾唧災病纏身，終有暗疾。

又如上述地支得火局如命例中，寅午戌三合火局，洩木太甚者，食傷無制，又不能從，出生便有問題，幼年體弱易生災病，以至影響智力之成長，這十分合理。

常有啾唧災病纏身，終有暗疾

比	甲	午	傷
殺	庚	寅	比
	甲	申	殺
食	丙	戌	傷

大運

辛	壬	癸	甲	乙	丙
卯	辰	巳	午	未	申

支成木局，得庚為貴，無庚必凶，若非僧道，男主鰥孤，女主寡獨。

支成木局，得庚為貴

比	殺		劫
甲	庚	甲	乙
辰	寅	辰	酉
才	比	才	官

大運

辛	壬	癸	甲	乙	丙
卯	辰	巳	午	未	申

八字本身日元屬木，又干支多見木者，是比肩太多，身旺同類互爭資源，以致僧多粥少，貧困無情，卻何以要庚金取貴？庚可制甲木，但亦要支下有根才夠力，否則虛浮於天干上，力輕勢弱又如何能站得住腳？大概如命例中有辰酉之土生金，基本便足夠了。

至於何以沒庚金便作凶論，八字比肩太多太旺，會導致命書指的「身旺無依」，鰥孤指沒有勞動能力而獨居無依靠的人，相比起僧人雖無親人，但可自給自足，拋棄一切身外物，鰥孤者更是命差一線。難道透辛金不成嗎？其實辛金官星亦能制甲乙木，只是庚金屬陽之七殺，其壓制木之力較剛強，歲運或原局遇上了乙木，更能合而化之（乙庚合金），收為己所用，故而優先取之。

支成水局，戊透為貴，如無戊制，不但貧賤，且死無棺木。

支成水局，戊透為貴

才 戊辰 才
食 丙寅 比
　 甲申 殺
殺 庚子 印

大運

壬辛庚己戊丁
申未午巳辰卯

木日主坐下成水局，是命書所指的水泛木飄之意象，而事實水多即印重，身太旺難擔財，但要窮到死無棺木，又要八字身旺無土者，兼且支下財星被破或被合去，方合此說，因有土即得財星，自坐土財頗為重要，因有根之財是身旺透財，在命局中極為重要，看命例戊土坐下辰土雖然已成三合水，但其土性仍存，但如非直坐戊土下，而是在其它地支，其力便微上加微，不堪取用了。

故書曰：甲木若無根，全賴申子辰，干得才殺透，平步上青雲。

不止古時推命法不重視合化，普遍今天亦如是，申子辰這三個地支，除了子水外，申金和辰土都不是水，而是異黨，只有合化成水局，把金土都化成水，才可以身旺任才殺，主要是寅月司令，地支三合必須干透水方能引化，見例1，若然如例2干上無水，支下三合便不成立，唯一的子水也被合住不化，會變成身弱「無根」，其力微弱，不能任才殺。

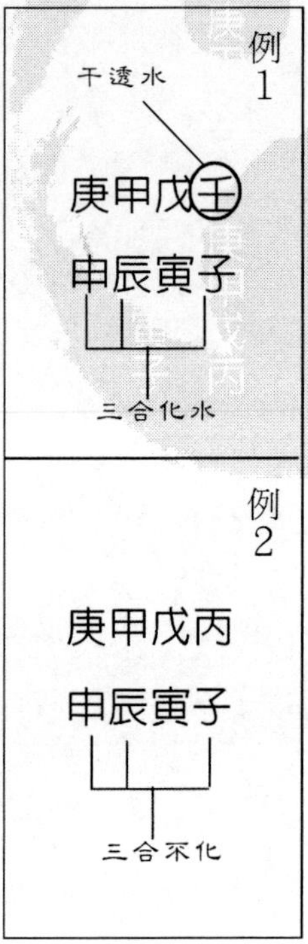

至於何以單以偏星六神為重，難道正財正官就不能顯貴了嗎？這當然不會，主要原因是寅月和申子辰四個地支，怎也配不到辛官和己土的，即使是亥子丑會水局，亦只得己土正財可配在丑土之上，辛金正官就無支可配了，故而文中只論才殺出干而不提財官。

凡三春甲木，用庚者，土為妻，金為子。用丁者，木為妻，火為子。

本書作者不以六神作六親配置，而是以八字用神配六親，這方法近代亦偶有人取用，出處或許就是始於窮通寶鑑。

大家也看看傳統六親配妻兒法，取我所克之財為妻，財所生之官煞為子。

總之正二月甲木，有庚戊者上命。如有丁透，大富大貴之命也。

正月寅和二月卯木，均藏甲日主的主氣，乃命中祿旺之鄉，助力足夠讓日主強化，如是者身旺再有庚殺戊才高透，是為上命。若透丁火，何以大富大貴？相信是想指身旺得食傷之洩秀，可取貴氣，但論到富則須要有財才方真。

二月甲木

二月甲木，庚金得所，名陽刃駕殺，可云小貴，異途顯達，或主武職，但要財資之。柱中逢才，英雄獨壓萬人。

二月之甲木得到卯木之主氣幫身，為日主之陽刃，多主身旺，故庚金七殺可用，殺透得位，是為陽刃駕殺，古書指為邊關守將、俠客義士，今天商業社會，則是大公司的開拓市場要員，亦有外科醫生和軍警界的人士。

若本身已為陽刃駕殺，再有正偏財生殺，定是出色的領導性人物，透正財者可在大機構當外交要員，軍警界的高官，若為運動員則是個獨當一面的選手。

若見癸水，困了才殺，主為光棍，重刃必定遭凶。性情凶暴。

人生若是欠財和欠動力，一生便告完蛋了，身太旺不喜見癸印，因怕官殺生印加強身旺度，重刃者即地支寅木太多，主性格衝動，凶險浮災定見。

書曰：木旺宜火之光輝，秋闈可試。木向春生，處世安然有壽。日主無依，卻喜運行才地。

身旺的甲木日元，有火可以取得功名，若得通根之火，主安逸而長壽。

古命書常提到木火通明，乃文明之象，木旺見火每見是文人雅士，在文化領域裡有所成就，但注意必須是身旺。如身太弱以致日主無依，身弱太甚，甲木無根又剋洩交雜，便入從格命，喜用亦要順從異黨，反而以才財為喜用。

甲午，丁卯，甲寅，丁卯　乙庚，富而不貴，運入南離凶，兩干不雜，木火通明，為人清雅，子多而賢。

兩干不雜，木火通明，為人清雅，子多而賢

比	甲午	傷
傷	丁卯	劫
	甲寅	比
傷	丁卯	劫

大運

戊	己	庚	辛	壬	癸
辰	巳	午	未	申	酉

本命甲木生卯月，雙透丁火傷官，再有甲木生火，月令和時支卯木又生寅午支火半局，全局木火二行佔半，身旺有洩，木火通根，雖然是五行中欠了三行，亦能收木火傷官之利益，食傷生財者富。

明清時的舉人（中國古代的秀才大概相當於今天的學士；舉人相當於碩士；進士相當於博士）

才	戊	寅	比
比	甲	寅	比
	甲	辰	才
劫	乙	亥	卩

大運

乙	丙	丁	戊	己	庚
卯	辰	巳	午	未	申

此命只屬小貴，舉人而已，究其因，甲生寅月同透甲乙木，地支亦水木雙生，比劫過重，即使干支有財透亦受圍困，發揮不了作用。

庚丁兩透，選拔定然，為人色重招殃，兄弟無力。

財	己	未	財
傷	丁	卯	劫
	甲	戌	才
殺	庚	午	傷

大運

丙	乙	甲	癸	壬	辛
寅	丑	子	亥	戌	酉

本命甲木生卯月，月柱地支左合右合，卯戌化火和卯未化木，其命少壯行水木運，身旺為忌，甲運合財星不化，但喜用失力而招損。

秀才

時	日	月	年
殺		食	比
庚	甲	丙	甲
午	寅	寅	申
傷	比	比	殺

大運

壬	辛	庚	己	戊	丁
申	未	午	巳	辰	卯

本命甲木身弱，地支雙寅合午火透出天干丙火，食神兩坐長生火局，多寅根氣，假從不真，運行己巳，兩組三刑，雖甲己合而不化，命中帶雙沖合，根基淺薄，後行庚午有七殺亦無根弱，故難貴顯。

三月甲木

三月甲木，木氣相竭。先取庚金，次用壬水。庚壬兩透，一榜堪圖。但要運用相生，風水陰德，方許富貴。

甲木日辰月生人，遇土氣來雜木氣不清，故以金來洩土生水，是為五行順相生之基理，即土生金、金生水、水生木，如此日主即可生旺，旺則能任財官。這個身旺能用相生情況，每見於祖上積德之家，又要命主本身多作善業，才可許富貴。

或見一二庚金，獨取壬水。壬透清秀之人，才學必富。

這個命例的講法，是屬於身弱用印，甲木以庚金配王水「金水相生」為清秀，前者以木火通明發文明景象，水為智，金水主智識才學，不同者只是身強身弱，所用不同而已。

或天干透出二丙，庚藏支下，此鈍斧無鋼，富貴難求。若有壬癸破火，堪作秀才。

這段原文有須要略為拆解，甲日辰月生人，支下藏干有庚金，是指十二地支的藏干中，其主氣中氣或餘氣有庚金的，可參考下表：

【地支藏干表】

寅藏：甲丙戊	卯藏：乙	辰藏：戊乙癸
巳藏：丙戊庚	午藏：丁己	未藏：己乙丁
申藏：庚壬戊	酉藏：辛	戌藏：戊辛丁
亥藏：壬甲	子藏：癸	丑藏：己癸辛

大家可以清楚見到，十二地支中只有巳火和申金。

原文指明命主干透二丙者，地支見巳或申但不出干，即使歲運庚金至，亦會被丙火夾剋而不能進入原局，頓失其用。　其用鈍斧無鋼來形容命中金之虛弱，故功名難求。

但若有壬癸破火，又堪作秀才。此說是指身弱有正偏印星來幫身，制火生身，故在社會上亦為有用之良材。

> 或柱中全無一水，戊己透干，支成土局，又作棄命從才，因人而致富貴，妻子有能。

甲木生於辰月，四柱中無一點水，又有戊己土出干，支下辰戌丑未多而成土局，水氣全被剋制而無從入局，再無自黨之根氣者，是入「棄命從才」特別格局，得到異黨歲運來臨，反而能當時得令，富貴顯赫。

或見戊己，及比劫多者，名為雜氣奪才，此人勞碌到老，無馭內之權。女命合此，女掌男權，賢能內助，若比劫重見，淫惡不堪。

若見有戊己土，但比劫又遍佈於命中，明顯是身過旺且比劫奪財之局，故為貧苦勞碌之人，以出賣勞力以謀生計者居多。但那句無馭內之權，便值得商榷了，因為懼內怕妻之男命，每多見於身弱財才多之人，反而剋妻自私的男人，每見於身旺比劫多者，此經驗之談。

或支成金局，方可用丁，不然，三月無用丁之法。惟有先庚後壬取用。

書曰：甲乙生寅卯，庚辛干上逢，離南推富貴，坎地卻為凶。

甲木生於辰月，支成金局者，何以方能用丁火？甲日主坐下全屬異黨，剋洩交加，若不入從格便是身極弱，身弱還怎能用火？只有入了從格，才可用丙丁火，若不能入從格便用不得丁火了，說穿了只是說支下洩氣太過，身弱難以再見火來洩，先用庚金生壬水，是最為理想的順生法，丁火在干便會合去壬水，失卻幫身之力，令庚金橫行，以至殺重攻身。

此命乏丁，喜運入南方，富貴不大之命。

劫	乙	丑	財
殺	庚	辰	才
	甲	申	殺
食	丙	寅	比

大運

己	戊	丁	丙	乙	甲
卯	寅	丑	子	亥	戌

本命甲生辰月，丙火坐長生寅木，身弱，命中無水，欠印星扶身，只能取木以幫身敵洩，見天干乙木卻為庚乙合住，得地支寅木又被申沖，用神無力，命屬平常。

尚書命

食	丙	寅	比
卩	壬	辰	才
	甲	辰	才
殺	戊	午	傷

大運

癸	甲	乙	丙	丁	戊
巳	午	未	申	酉	戌

本命貴為尚書，有年干丙火自坐長生寅木，寅又合午化火，生旺月日雙辰土根，再透出戊土偏才，假從勢命成，後運一路火金土，故能顯達。

此命用丁，乏丁常人也。

食	丙	寅	比
卩	壬	辰	才
	甲	辰	才
傷	丁	卯	劫

大運

癸	甲	乙	丙	丁	戊
巳	午	未	申	酉	戌

甲木日主，地支雙會東方木局，透得丙丁火，仍屬身強，無如命中透一壬水，身旺運復行水木，至丙運終能吐秀有所成就，中年本有丁火，惜合壬化木反忌。

田柱木旺金缺，非僧道，即無子。

卩	壬	午	傷
比	甲	辰	才
	甲	寅	比
才	戊	辰	才

大運

乙	丙	丁	戊	己	庚
巳	午	未	申	酉	戌

本命甲木生辰月貴，干透戊土坐雙辰，身弱用天干壬水，惜水無金生源，大運一路木火土，後來金水，運遲之命。

三夏甲木

四月甲木退氣，丙火司權，先癸後丁。

四月即甲木生於巳月，巳火主氣為丙火，當令得權，故日主甲木氣下洩於火，用癸水生身明矣，先癸水後用丁，是指身弱者用正印生身敵洩，如多自黨生旺日主時，又可取丁火洩秀以取貴氣。

庚金太多，甲反受病。若得壬水，方配得中和，此人性好清高，假裝富貴。

甲木日元，庚金七殺剋制太多，當然是命中之病，若得壬水偏印生身，令命得中和氣穩，又說到其人性格清高而假裝富貴，這說法不能太隨意，須看日主是否身弱，甲日主身弱金多，木易殘缺，若不中和，縱得壬水，亦不足以生身，反而是壬水洩於眾七殺，引至其人喜沽名釣譽，若論富貴假，一般卻以財多身弱為準。

即蔭襲顯達，終日好作禍亂，善辨巧談，喜作詩文。此理最驗。

富二代、官二代在現今形容那些浮誇子弟，喜歡閒來舞文弄墨、唫詩作對，背後有財有勢的，這當然要命中有財身旺，或身弱比劫強者，財比生於年柱祖基，又要甲木日元者多庚金七殺，命有偏印生身，日主身弱，才能用偏印星時，方有上述情況。

如一庚二丙，稍有富貴。金多火多，又為下格。

作者不單在這一個例子裡，還在後面以某月生人，以天干或地支調候法，指定幾個干支互相配合，來產生非凡卓越的人物，但卻沒有說明原因，故在命理學發展上，是有它的方便性，卻欠缺完整的理據。

作者採用窮通寶鑑一書的方法引証過，確實找到一些現今成就超凡的人土，可以証明其法是有研究的價值。但也有不少是不成功的例子，因此，我們最好是以探索的心態來繼續讀下去。

在文中說到，甲木生四月，主張要天干見一庚二丙，會稍有富貴，這一點的論據，可以解讀成，甲木生於火月再透出庚金來剋，雙火來洩，幾乎可以判斷為身弱太甚之命，很易便成為從格，若入從格有財者，須命中見土，但命又無土，若為身旺命，反而須要比劫幫身，但文中又沒有提及甲或乙木，這唯有用火來生土，以定其財來有方。

「金多火多，又為下格」，另外文中又有上句，指出甲木生四月者命中多金和多火都不好，多金剋木易生災，火多洩氣太甚，體弱神枯，同為下格，身衰氣弱的身弱命，自然無運可取。

或癸丁與庚齊透天干，此命可言科甲，即風水淺薄，亦有選拔之才。

這裡說到甲木日主生巳月者，天干透癸水正印生身，同時又有丁火洩身，又有庚金，天干齊透殺印傷，但必須身旺，用殺印生身能任傷官吐秀，故取貴氣而取得功名。

癸水不出，雖有庚金丁火，不過富中取貴，異途官職而已。

甲木日主生巳月，干癸水若無透出天干生身，即使有丁火和庚金剋洩日主，身旺之人能敵剋洩，但若身弱卻無印，縱有丁庚，亦只能作異路功名，即不能入大機構工作，只能在小企業裡，當一個管雜務工作的人員，難以當上行政高層之職位。因此印星對於身旺身弱的甲木命主來說，都頗為重要。

壬透可云一富，若全無點水，又無庚金丁火，一派丙戊，此無用之人也。

甲木日主如被大量丙火及戊土洩弱元神，便屬身弱，八字中又滴水全無，更無庚金生水，和丁火洩秀，更不能入從勢格的話，便難以發運了。論到了甲日巳月，火本已甚強，如不入從格入正格的話，再見一派丙戊火土洩氣，當無所用。原文列出了四個命造，以供讀者參考甲木生於四月，巳月時的情況。

明府（太守，縣令）

傷	劫		劫
丁	乙	甲	乙
卯	巳	寅	亥
劫	食	比	卩

大運

甲	癸	壬	辛	庚	己
辰	卯	寅	丑	子	亥

首命是個身份尊貴的人物，見其命甲木生於巳月，天干透丁，火有雙乙木生旺，而地支亦有寅亥和亥卯合化兩個半木局，自黨佔大半干支，但木生雙火而食傷得喜用，行運亦是木土火順生，旺起丁火，故為太守。

進士

傷	劫		殺
丁	乙	甲	庚
卯	巳	辰	午
劫	食	才	傷

大運

甲	癸	壬	辛	庚	己
辰	卯	寅	丑	子	亥

甲生巳月午時，透丁火，身弱，有乙木和卯木幫身，惜無水生，遇水木運而喜，早年水木雙生，出身早，中後運行金運反見浮沉。

大貴

	時	日	月	年
天干十神	比		印	食
天干	甲	甲	癸	丙
地支	子	戌	巳	午
地支十神	印	財	食	傷

大運

己戊丁丙乙甲
亥戌酉申未午

甲木生巳月，地支午戌化火透出天干見丙火，身弱明矣，無如癸水得子水為根，生甲木比肩，順生有情，故而為貴顯之命。

此命火土烘乾癸水，行午運損目，後作乞丐

	時	日	月	年
天干十神	食		印	食
天干	丙	甲	癸	丙
地支	寅	子	巳	午
地支十神	比	印	食	傷

大運

己戊丁丙乙甲
亥戌酉申未午

此例有頗奇之際遇，頗值得研究，是個乞丐命，甲木生巳月見寅午化火，干透雙丙，火勢甚猛，癸水透干，得根於子水，惜無金生，難敵群火，死被熬乾，如行金水運尚好，若行火地，癸水乾枯目盲於首運甲午，往後一直木火，至戊戌運入原局與癸合化成火，戌又與寅午三合，成一片火海，淪為乞丐矣。

五，六月甲木

五六月甲木，木性虛焦，一理共推。五月先癸後丁庚金次之。

五月和六月的甲木日主，亦即生在午月和未月之間的命，甲木同樣洩於支下火土，故以木性虛焦來形容，頗為貼切，又以此一理據來作整體推算，即五月甲木先用癸水正印扶身，後以丁火傷官疏通，再以庚金七殺來生起權勢，這種配合，明顯須要身弱用印，再行自黨運，而得殺印雙生並雙顯才是重點，故而有所成就，當然如印星有根在地支時，命便會更好。

如見命局中沒有太多生助日主之干支時，即可以身弱論。故甲日五月生人，歲運喜先取癸水以生身得強以後，才能取丁火及庚金剋洩之物。

六月三伏生寒，丁火退氣。先丁後庚，無癸亦可。

甲生六月為未土，火氣剛過，氣候轉涼，因而保住丁火暖木為先，後取庚金七殺，但要注意文中的無癸水正印，便容易洩弱日元，除非得地支多木制土助旺日主，若身旺透丁和庚，方可無癸。

或五月乏癸，用丁亦可，要運行北地為佳。

若甲人身弱生五月者，命無癸水，可用丁火，但也要運行北地，即大運地支是亥子丑，是為北方水旺之地，能見水之根，以待歲運行壬癸水時，便可補根發運了。

這很明顯是指，甲木生於五月火旺身弱命，命再透丁火，命中沒有印星扶身，也要行北方水地之大運，生起命主，才算吉命，當然有了壬或癸水，便會有更大的成就了。

總之五六月用丁火，雖運行北地，不致於死。卻不利運行火地，號曰木化成灰必死。行西程又不吉，號曰傷官遇殺，不測災來，惟東方則吉，北方次之。此五六月用丁之說也。

這裡總結了甲木用丁火傷官，最好是身旺，因說到運得北地正如前面所說，水生木是也，另外身弱的話便不能擔當運行南方火地，會木化成灰，木不堪受火洩盡，而身弱行金財運同樣是擔當不起，但身弱行東方木運則可以幫身，故而甚吉，北方水扶身亦好。

總結五六月用丁火吐秀，必須行水運方吉，否則便會洩弱日主，洩氣過甚則凶。這與上述「如見干支火多或合火局透干，則不宜」，道理同出一徹，火多木化飛灰，形容得甚為貼切。

大運行申酉戌，甲生未月身弱見官殺，自然不吉，主傷官見官殺，兩者俱凶，只有運行東方即寅卯辰月，得到助根生旺，方能取吉，但運見子癸水生，何以次之？只因身太弱者直接幫助勝於間接相生，但有水木相生則又不同，喜用同途，必收化殺生身之功。

凡用神太多，不宜剋制，須洩之為妙。

八字用神太多，這個須要先了解是怎樣多，和其影響所及方能決定宜用官殺剋，還是以食傷洩才是較好，但初步理解此語，似乎是以身太強而論之，因命中比劫太強便宜洩不宜制，怕官殺與本命戰鬥成兩敗俱傷，洩則能吐秀和疏通旺氣阻塞。

這個八字命理問題很值得探討，好東西是愈多愈好的，這是常理，但原作者卻認為用神過多時，便取命中洩勝於剋，亦即是身旺用食傷順洩，較用官殺剋身好，古書都有云：身太旺時宜洩不宜制。又或者是用神太多時會出現官殺星，身旺極之命者怕見官殺，因「官殺兩頭蛇」，官殺會生印，印又轉生身，變了好心做壞事，若命中無印則成戰，又會引起紛爭和壓力故也。

但問題是身旺「用神太多」，正常用神多即喜用神多生助，這裡必須說清楚是何干何支，何生何助情況，方能令人明解，因財官多見是主得名利權位，又有何不宜？記得有命書說過：「用神以一位為有力」，命者會絕處逢生，命中有過人之成就和際遇，這又當別論。

五六月甲木，木盛先庚，庚盛先丁。

這是引伸甲日主多木身旺命，便喜見庚金來剋制命之之木了，這是大將戰鬥之命，運得配合，其成就必大。若金夠旺時，日主身很旺，能承受得起剋洩，又會以丁火制金為喜，身強旺命見食神制殺，反而是大將之材，功業顯赫。

五月癸庚兩透，為上上之格。六月庚丁兩透，亦為上上之格。

這裡提到五月生之甲日主，八字如同時庚癸並透者，是為上佳之命格，這又從何說起呢？本書是以調候為主導，所以會出現夏天生人無論其五行屬性，都會喜金水相生，只要配合得好便是上上之格。但若要配合正五行基因法的推算，又要再仔細地合乎以下兩個條件。

甲木生盛夏之午月身弱者，配以天干的庚金生癸水，即命透喜用，喜殺印相生，主為武將，現代則為對外開拓成就之人。

若六月未土之甲木生人，同透庚金與丁火，剋洩俱重，若還能身旺者，其命必支下合寅卯辰亥木局，或支下合申子辰水局出干，生身敵剋洩，此亦為大權大貴之命。

用神既透，木火通明，自然大富大貴。或丁火太多，癸水亦多，反作平人。

甲木生於午和未月，身旺木太多時，見庚透出是七殺制木得宜，故可以用庚，如再透丁火，便能同時收制與洩的雙重作用了，但這當然要本身木旺得很才可以承擔得起剋洩，方為上格。

另外又提到「木火通明」為用神，是大富大貴者，木火傷官確實是聰明才智有過人之處，故易生富貴，但反過來火多水重，三個地支都是水和火，以致身旺轉弱，那其人便難有成就了。

甲生五，六月者，透出丙丁火而又得用，歲運同途者，是為木火通明之大富大貴命，但不能身弱火多和身旺水多，犯者只屬常人而已。

若柱中多金，名曰殺重身輕，先富後貧，運不相扶，非貧即夭。或庚多，有一二丙丁制伏，又有壬癸透干，洩金之氣，此又為先貧後富。

甲生午未月者如金多官殺重，以致殺重身輕時，會導致先富後貧，殺重本身忌財，除非早運行幫身運，才會先富，後來行異黨制洩日元時，故而七殺剋身而生禍患。另外提到這情況如見一兩個丙丁之火透出制官殺時，但亦要很小心，必須有壬癸水並透，成殺印相生之局，才能轉貧為富。

這個推論又須配合命主的大運參詳為準，如果身弱八字中多金，官殺剋身以致殺重身輕，午未月生的男命，陽男順推，早年行未申酉戌運，陰男逆推，行未午巳辰運，早年一路都是逆運，主剋洩貧夭居多，如所指先富後貧，便要身旺方合了。以下情況，身弱多庚金剋命，命中再見丙丁火透干制金，如再透印星壬癸水出干扶身，便能捱過早年，後得行亥子水運補了天干水之根，故能先貧後富。

或滿柱丙火，又加丁火，不見官殺，謂之傷官傷盡最為奇，反成清貴，定主才學過人，科甲有望，但歲運不宜見水。若柱中有壬水，運又逢水，必貧夭死。

甲木生午未月，代表有著火旺身弱之根底，若見天干丙丁火競透，全無官殺來制，加上地支也成火局時，那便入得「從勢格」，此古書說成「傷官傷盡」又名「從兒格」，自然是個非凡者。但要小心觀察，其從格從得真不真，若干支有一個壬水出現時，便成「假從」，假從不真，大運又逢印星水運來破格，便成貧夭之命。

這裡明顯是要指從格命，尤以滿盤丙丁火，滴水全無，火性炎上，成為從格中的「從兒格」，亦是為傷官傷盡，反而棄命從食傷，行異黨食傷財才和官殺運都好，甲生午未月者，早年運便得顯才智，功名成就，取得良好基礎。

從格者，最忌所從之神受剋，會引來破局之傾危，像這裡的從兒格，火是所從之神，八字中有一壬水孤浮，是為假從格，從得不真，歲運壬水來時便容易破局。

> 但凡木火傷官者，聰明智巧，卻是人同心異，多見多疑，雖不生事害人，每抱忌妒之想，女命一理同推。

這裡說得頗為有趣，說木火傷官主聰明智巧，即甲木生午月者，干又透火，其人雖有智，但卻內心多生疑慮，雖無害人之心，卻常有忌妒之想，這到底怎樣才會成立呢？通常命中以偏印為忌時，命又多偏印者，便會明顯有這種情況，但傷官重而身弱時，亦會有這種情況出現，因傷官與偏印一樣，都是偏星，令到正官不能用，故而性格都出了偏差，女命的看法亦都一樣，與男命同。

木火傷官、水木傷官、金水傷官、土金傷官、火土傷官等等，無論正格身旺或從格者，都是聰明才智之士，性格每多任性，事實上女性因傷官重，每多為事業強者，男性就較不羈，都難免在感情上易出問題。

或四柱多土，干上有乙木，切勿作棄命從才。

甲木生午未月者，四柱多土，日元受火土洩弱時，便易成從格命，當天干上出現甲木或乙木，有一個都還可作假從，有兩個自黨出現在干或支時，便不能作棄命從格看待了。

從格的條件，在本人「八字基因」一書中，有詳盡說明，是極其嚴格的，若甲人命中土多成局又透干，是主從財格，如見乙木一位虛浮，只屬假從，如有一位壬水或癸水透者，屬滿盤財才見印局，會以正格論而不從。

時月兩透己土，名二土爭合，男主奔流，女主淫賤。見二甲則不爭矣，亦屬平庸之輩。

甲木生於午未月者，因月令土氣有根，若見其命月干和時干有己土透出，便會構成爭合日主之甲木，因天干六合為甲己合，又為左合右合，一般被視為其情不專，當然是否很差，還須看全局喜忌，方能成立。如果干上見二甲二己時，這便各自成配，不作爭合論了。甲木日主月時兩干均透己土，是為左合右合，是其情不專之象，見年干又再透一己時，是兩組相合，又不成爭合，其理甚明。

或四柱有辰，干見二己二甲，此人名利雙全，大富大貴。

又指四柱中地支有辰土時，天干見甲己雙透雙合，又入得從財格時，主必得名利富貴，若地支有兩個自黨而不能入從格時，即身弱以財為忌，不富反貧。由上面的特別例子引伸過來，干透雙甲和雙己時，若地支見四個辰（若一辰則不成格），是名利雙全富貴人，這在舊法是為「化氣格」，指命主的甲木本質已被土所化，木化氣成土，並以所從之化神為用。在朱氏旺弱專從法中，遇到這種情況時，叫「從財格」而不叫化氣格，而且甲木是不會被合化成土去，其本質仍然是木，但卻會追隨化神和它的喜用，亦主大富貴命。

若在六月，見辰支，名為逢時化合格。以癸水為妻，丁火為子。若二己一甲爭合。取支中比劫為用。以甲為用者，壬癸為妻，甲乙為子。其餘用庚者，土妻金子。用丁者，木妻火子。女命以妻作夫，用作子。十干皆同。

文中再次提出六親的計算方式，其以甲人生六月，未土月令，又見辰土在時支，便是逢時化合格，但說法似乎有點牽強，其以化氣格為主，化神生土故以火為子，化神為土，土剋水為妻，如不入格則以比劫為用神，用神為木，水生木為妻，木為子，但論到以生我用神的五行為妻之說，還待考証，這種六親計算法實與常法有所不同，而且複雜，因此大家還是用傳統六親法，男命以我剋為妻，妻生者為子較為簡單直接，女命則以剋我為夫，我生為子。

或是己土，不見戊土，乃為假從，其人一生縮首，反畏妻子。若無印綬，一生貧苦。六月尤可，五月決不可。

甲人生午未月，全局中有兩粒異黨便不能從，見一粒是假從，這是朱氏合化論的原則，故而見己土不見戊土，不構成從與不從。如果是不入從格者，見滿盤的土，沒有印綬水來扶身，便作貧困論。

甲木命主若入不到假從，便會以財為忌，主多畏妻，若連印星也欠缺，便為貧窮所困，生於六月未土還有餘氣之木，略有微助，生於五月餘氣為火土洩氣大，故印星缺不得。

年月丙丁兩透，支中有癸，癸運大發，官至侍郎（尚書的屬官）

傷	丁	巳	食
食	丙	午	傷
	甲	寅	比
比	甲	子	印

大運

乙巳　甲辰　癸卯　壬寅　辛丑　庚子

甲木生午月，支下寅午化火，又見巳火，天干透丙丁火，半壁皆火之命局，干再透甲木，假從勢格成，子水為忌，行異黨木火金剋洩之運，皆能通達，甚至行水運印星本為忌，都能順生木火。

早年大運乙巳，木火得時得地，透氣通達，丙火食神原局上力，才華早見，甲辰運仍順行，癸卯，平穩而已，壬運合丁化木，傷官食神透力，更上一層樓。

兩干不雜，專用丁火，一生富貴

比	官		官
甲	辛	甲	辛
辰	未	子	未
才	財	印	財

大運

壬	癸	甲	乙	丙	丁
申	酉	戌	亥	子	丑

此命甲木生未月，地支有三個土，身弱可見，天干辛金雙透，夾剋甲木日主，因命有甲和子，水木自黨，故不能從，運必須行水，水木相生尤佳，本命早年行壬水坐申長生，出身大有優勢，再行癸酉同樣酉水相生，人生的基礎打得甚穩，少年得志，隨後行木運，前半生可謂平步青雲，及後入丙子運，無如丙辛雙合，外合引化，運上高峰。

支成水局，困了丁火，雖主富貴，乏子。

劫	印		才
乙	癸	甲	戊
巳	未	子	辰
食	財	印	才

大運

壬	辛	庚	己	戊	丁
午	巳	辰	卯	寅	丑

本命甲木生於未月，有子辰合但生於土月而不準其化，即使天干透癸水亦

有所不足，旺不起來，未土和巳月生人本旺，再見戊土出干，旺弱頗平均，中和之命。

庚金得祿（此乃筆誤，庚金應為甲木），官至尚書。

比	甲	申	殺
官	辛	未	財
	甲	戌	才
食	丙	寅	比

大運

壬	癸	甲	乙	丙	丁
申	酉	戌	亥	子	丑

甲木未土月生，地支土金勢強，身弱命，天干透得甲木亦生丙火，更有辛金剋日主，幸得大運一路水木連環，先來首運壬申，壬水得長生之申，再行癸酉，此運與原局會成西方金局，故少年即青雲直上，如魚得水，其後木運仍佳，直至入丙子運，丙辛化水，支下申子又化水，登峰造極矣。但至丁丑運，第六柱天剋地沖，再加地支丑戌未三刑，身弱傷官坐財入原局成「傷官見官」，構成大凶。

女命，三嫁之子

官	辛巳	食	
劫	乙未	財	
	甲戌	才	
才	戊辰	才	

大運

丙申 丁酉 戊戌 己亥 庚子 辛丑

甲木女命生未月，火土重洩透戊土，身弱命，乙木出干亦難以敵洩，入從勢格命，除丙申運天地合化成水，早年病多運差外，往後行運火土金，與從格合，故雖然情緣反覆再嫁，仍生活無所缺。早年行食傷女命較任性，這在現代亦見怪不怪。

三秋甲木總論

三秋甲木，木性枯槁，金土乘旺，先丁後庚，丁庚兩全

秋天八，九和十月的甲木，是三秋甲木，木受到金氣所影響，必須身強方能受剋制，否則身弱便令木氣受損，三秋甲木命，加上土金交加，是異黨承

旺，再見丁火，庚金透干，很易便成從勢格，其時便反過來喜見火金異黨了。

將甲造為畫戟，七月甲堪為戟，非丁火不能造庚，非庚不能造甲，丁庚兩透，科甲定然。庚祿居申，殺印相生，運行金水，身伴明君。或庚透無丁，一富而已，主為人操心太重，不能坐享。

七月為未月，甲木生人入了從格，便堪為打造，命中有火煉金，便能從得更真，少年得運了。甲木生八月，受官殺之強有力剋制，甲人命中干支有水，為化殺生身，便可行金水之運，名為殺印相生，主身份權貴，多為高層主管級人物，或某介別的權威。

又或者透出庚金七殺，威權尚在，沒有丁火吐秀，見財仍能生官殺，官殺生印，印又生身，若論到富，又要命中的水干支有根互守，才可確保。

或丁透庚藏，亦主青衿小富。或庚多無丁，殘疾之人若為僧道，災厄可免。

如果天干透出丁火，庚金在支下餘氣藏著不透，這時亦能遇比劫運幫身，成為小富。若庚金太多，命無火制的話，又無印星護身，主殘疾之人，如能遁入空門，跳出五行，又當別論。

秋天裡的申酉戌三個月生人，是為三秋甲木者，甲木受秋天肅殺之氣影響，令到木質變得枯敗，很容易成從格之命，而秋金乘權生旺，秋本成從格者，便喜火用金，以丁火七殺煉金，金劈甲，便得功業成就。但如果命不從而入正格，便一定要有水印星，取得五行金生水助，木才有生機，日主方能用丁火傷官，和庚七殺。因此，庚祿居申，申是為水之長生，故有殺印雙生之力，運行金水便能得到貴人扶持之力，自身的位置亦能大大提升。

或四柱庚旺，支內水多，不作棄命從殺。見土多可作從才而看。

四柱金水同旺，且地支多水，生起日主，便不能從，但見全局土多，財星可剋去地支亥或子水，即巳火沖去亥水，午火沖子水，如此又可入假從命。

庚多無癸，而壬水多，戊己亦多，此則專用一點丁火，方可制金以養群土，此命大富。

如若甲人多金無水且土多時，便易入從格，可用火來制金養土，見財來便生起財富了。

丁藏富小，不顯。丁露定作富豪。得二丁，不坐死絕，必然富貴雙全，即風水不及，亦可富中取貴，納粟奏名。

甲木人生秋天，庚金多而無癸水，反而壬水官星多，戊己土的財才多，便會身弱極入從格，此時專用一點丁火傷官，制金令水無源，又能生土養財，故而成大富之命。至於丁火只藏於地支餘氣，藏支而不透干，只能靠歲運透火，故而小富。丁火傷官透干故而富有，得二丁齊透有生旺之根，富而且貴，甲人從勢後，自然可用丙丁之火，當遇見財運便有財來，火藏支下待補根，火透干者其財足，若干透二丁，支下根氣無受嚴重洩弱的話，遇火土食傷財才之運，即能富貴雙全，從格人以食傷為貴，財才主富之故。

或癸疊疊制伏丁火，雖滿腹文章，終難顯達。得運行火土，破癸，略可假就功名，歲運皆背，刀筆之徒。

又或見有癸辛七殺重疊，令丁火受制，便有志難舒，懷才不遇，原因是甲木秋生金重，身旺水重官殺多，不能以火吐秀，待運行火土，水受制而不剋火時，方能有小成就，若歲運皆差，只能做個刀筆之徒，路邊擺檔寫字或小買賣。再觀甲木從格，見忌神壬癸水多，制去合去丙丁火，便貴氣文彩失力，顯達無望了。遇到大運行丙丁戊己火土時，制住忌神水，仍可功名小就，若連運都行壬癸時，是為背運，不是走卒，便為街邊寫字之人。

> 支成水局，戊己透干，制去癸水，存其丁火又可云科甲，但此等命，主為人心奸巧詐，好訟爭非，因貪致禍。奸險之徒，決非安份之人也。

甲木秋生之水多成局，金水生旺而身強，透戊己土得制水而保住命中之丁火，得以吐秀而功名可許，但土始終生金，金又生水，始終展轉生身。故命奸詐弄巧，本便多是非和人事障礙，火易為水所反制之故，故文中有是非小人之說。甲人從格身弱極反喜異黨來剋洩，故忌水來生身制火，若地支見亥子丑或申子辰水局，天干癸水透出時，得戊己土制住，令天干的丙丁火能保存，又能保住功名取貴。但始終水局印星成忌，每事多疑奸巧徒，小人是非特別多，尤其歲運遇水時更甚。

孝廉（對舉人的雅稱），辰運災。

劫	比		劫
乙	甲	甲	乙
未	申	子	亥
財	殺	印	卩

大運

癸	壬	辛	庚	己	戊
未	午	巳	辰	卯	寅

甲木生於申月，八字水木俱多，身旺命，土金財殺不透，須大運補干方吉，看其運庚辰入原局，與天干雙乙合而成化成金，壯年補干，應有一番作為。

三秋甲木

七月甲木，丁火為尊，庚金次之，庚金不可少。火隔水不能鎔金，故丁火鎔金，必賴甲木引助，方成洪爐。若有癸水阻隔，便滅丁火，壬水無礙，且能合丁，但須見戊土，方可制水存火。

三秋甲木在前面都講解過了，這裡可略作探討，三秋甲木何以一定要用甲丁癸呢？何以乙丙壬不用？甲木日主生秋天，身旺丁壬會化木為忌，故不用，又丙辛化水為忌亦不用，丁壬化木亦成忌，因其會阻礙日主洩秀，故都不取為最佳用神。

當然，以現今朱氏合化論，和易氏基因法來推命，便會有更多的考慮，包括身旺身弱和天干能否合化，先取五行六神生剋制化放在首位，才次取季節氣候，這與窮通寶鑑有所分別。

用庚金，行戌運連捷，庚運轉侍郎。

時	日	月	年
傷		食	食
丁	甲	丙	丙
卯	寅	申	午
劫	比	殺	傷

大運

丁	戊	己	庚	辛	壬
酉	戌	亥	子	丑	寅

甲木生申月，支合寅午火局透出天干，再見雙丙一丁，火勢猛烈，洩日主身弱假從命，見大運一路火土金，皆為命中所喜，尤以戊戌運入原局，卯戌和午戌同合火局，生起戊土，仕途大大提升。

茂才

傷		卩	財
丁	甲	壬	己
卯	戌	申	亥
劫	才	殺	卩

大運

丙	丁	戊	己	庚	辛
寅	卯	辰	巳	午	未

甲木生申月，支下卯戌合火借丁火透出天干，身弱明矣，但甲有壬亥之水扶身，又有月令申中長生之水，有己土生金，金又生水，水再生日主甲木，能取丁火之吐秀，故有功名在身，惜其運走金土火，都是洩身之物，只有早年辛未頗佳，官星明現，支下未土入原局，三合亥卯未木局，幼承庭訓，得天獨厚，成長於良好背景裡。

及後雖行庚午，己巳，戊辰運，無水欠木，但命的根基好，亦頗見秀氣及得秀才之名，但戊辰運始終身弱財重，更是一名窮酸秀才，直至行到丁卯運，丁火入原局合壬，借運支卯木得化為木，但運支卯木與原局戌相合成火，始終洩氣，為小貴不顯之命。

縣令，丑運去官。

才	戊	午	傷
殺	庚	申	殺
	甲	寅	比
食	丙	寅	比

大運

辛	壬	癸	甲	乙	丙
酉	戌	亥	子	丑	寅

甲木生申月，干透庚金，七殺可謂強健，甲木日主得支下雙寅，甲祿在寅，即日主雙坐祿，其旺可知，無如年支午火合去雙寅化火，更旺起天干長生之丙火，一派火旺制金，七殺強而不強，反遭火熔，身旺轉弱命。

見大運早行水運，癸亥更是水木雙生，旺起元神，亥入原局即與命中雙寅化木幫身，時來運到，身強起來而能任官殺，庚金可用矣，可惜運至乙丑，運去境遷，乙木入原局即與庚合化成七殺，命中無水印化解，身弱難敵強殺攻身，去官禍至。

八月甲木

八月甲木，木囚金旺。丁火為先，次用丙火，庚金再次。

甲木之人生八月，地支酉金司令，木囚於酉，身易成弱，但如身旺，便可取用金丁火為先，次用丙火了，庚金也可以透而不忌。

一丁一庚，科甲定顯。癸水一透，科甲不全。

甲木八月生人，身旺有丁火傷官吐秀，又有庚金七殺透干，主學業有成，若無火金而只透一癸水印星，身旺成阻力，故而科甲不全。

丙庚兩透，富大貴小。丙丁全無，僧道之命。

甲木生於酉月，身旺透丙火食神，和庚金七殺，是食神制殺命，理應為對外拓展主管之職，應視作權貴，但透正官丙火屬太陽之火，因無丁火作微火煉金，故而貴氣有減，若論到富大貴小，又須要財星干透支藏，食傷生財有力。

甲木酉月生人，身旺極，但因為生於酉月，月提為金司令不能從，滿盤比劫印星，卻無官殺食傷制洩，如此之命，欠好職位又無生活條件。

丙透無癸，富貴雙全。有癸制丙，尋常之人。

甲木生酉月身旺，雖然天干透丙火食神吐秀，但要無癸水制丙生身才好，否則失去了疏通的功能。

支成火局，可許假貴，戊己一透，可作富翁。

甲木酉月生人，如地支一片巳午未及寅午戌成食傷火局，得入從勢格，亦可位高權重，命中方一個戊或己的財星，自必富貴，歲運透時便是大發時機。

或支成金局，干露庚金，為木被金傷，必主殘疾，得丙丁破金，亦主老來暗疾。

甲木生於酉月，本來金氣司令乘權，支下再有申酉戌、巳酉丑會成金局者，天干再透出庚金，如本命因有兩個自黨比肩或劫財，便不能從，為滿盤官殺不入格命，本氣甲木定受金所剋傷，主易生殘疾。若命中透出丙丁火，亦不能敵眾金，反而洩甲木日主之氣，主暗生病患居多。

或支成木局，干透比劫，反取庚金為先，次用丁火。

如果甲木生酉月，地支多見寅卯辰、亥卯未，合化成木局，便有入專旺格或身極旺的機會。文中以庚金和丁火為喜用者，即是取異黨的身旺命。

丁火高照，太守命。

劫	乙	未	財
劫	乙	酉	官
	甲	子	印
傷	丁	卯	劫

大運

甲	癸	壬	辛	庚	己
申	未	午	巳	辰	卯

甲木生酉月，支下卯未化木局上天干，再透雙乙木而身旺矣，再有子水印星之生起，月令酉金真神得用，其生水、水生木、木再生火，全局五行流通，順生有情，最後受益者落在丁火之上，如此便比劫都可用了，喜其能生丁火，旺起聲名及貴氣。

且看大運前半都是蓋頭截腳，如屬一般八字，運都會吉凶參半，起落無常，但落在這個結構五行順生，真神得用且中和的命上，便柱柱都有運行了，到中年辰運，更是命中的應期所在，何解？庚辰入原局即引起重大變化，其一是天干庚合命中雙乙成化，地支亦辰酉相合而成全化金，官星入命，故貴為太守之高職。

支藏丙火，時逢乙丁，參政命。

殺	劫		傷
庚	乙	甲	丁
寅	酉	子	卯
比	官	印	劫

大運

丙	丁	戊	己	庚	辛
戌	亥	子	丑	寅	卯

甲木生酉月，天干乙庚合金得化，身弱命，官星獨旺，再看地支金生子水，水生寅卯木，木氣從日元甲木透出，又有丁火吐秀，順生有情之局，喜用在水木，行北方大運亥子丑較能生起原局全個地支的水木之勢，直接由日元接收，故而天干火土之運亦能發蹟，但比起前命，運氣便低了一截。

朱文端公造（清朝位高權重的三朝元老，官位至宰相及吏部尚書，太子太傅等，被譽為帝師元老）

比　劫劫
甲甲乙乙
子子酉巳
印印官食

大運

己庚辛壬癸甲
卯辰巳午未申

甲木生於酉金，本命為一貴顯名人，且看其八字，結構獨特，雙乙雙甲雙子，而生於酉金月而水木生旺，以月令真神得用為大前提，身旺命用月令中的酉金，但見其運一路水金，中運辛巳和庚辰，辛巳合金入原局，旺起官星，庚辰運更是大應期，庚合命中雙乙，化金為喜，支下辰土亦合入酉金真神月令，天地同化，官位權位加名位，皆全方位之登峰造極。

孝廉（對舉人的雅稱），卯終。

傷　傷食
丁甲丁丙
卯寅酉戌
劫比官才

大運

癸壬辛庚己戊
卯寅丑子亥戌

甲木生於酉月，地支寅卯木旺，但天干二丁一丙之火，洩弱日元，身弱待補干之命，看其大運，先行土金，後行水木，身弱見土財故而不佳，早入北方水運，亥入原局合寅卯，月令酉金卻不許化，子水得生寅卯木氣，略得名位，真運要到壬寅，入原局與雙丁合化成木，酉金本不許化，無如壬寅運可借自坐之寅引化，所謂將在外軍令有所不受，便是朱氏合化的名言與法則，故本運可達到人生目標。

九月甲木

九月甲木，木星凋零，獨愛丁火，壬癸滋扶，丁壬癸透，戊己亦透，此命配得中和，可許一榜。庚金得所，科甲定然。

甲木之人生九月，地支戌土司令，木洩於土氣而不足，以壬癸印星生木而身旺，可用丁火傷官吐透，若丁壬齊透，便得到更強扶持之力，丁火更顯，再加上戊己土財星得到協調，平衡旺弱，再配合七殺得用，學業和事業便能取得成就。

或見一二比肩，無庚金製之，平常人也。倘運不得用，貧無立錐。

甲木人生戌月者，如有一兩個比肩甲木或寅木時，干無庚制其木者，因財來即分，故難有所成，如運又不扶持的話，便會貧困了。

比	比		比
甲辰	甲戌	甲辰	甲戌
才	才	才	才

一命，甲辰、甲戌、甲辰、甲戌、身伴明君，富貴壽考，此為天元一氣，又名一才一用。

大運

乙亥	丙子	丁丑	戊寅	己卯	庚辰

原文中的這個命例天干四甲，實屬少見，地支四土雙沖，卻是一位身伴明君的特別人物，而且富貴福壽，此命古書名為天元一氣，歸於特別格局，取其木下之土財為用，故而大發富貴。

以正五行易氏基因法推命，則會看其大運戊寅和己卯，身弱行寅卯木補根之運，生起天干三甲成三連氣，木戰勝土，故能成就大業。

遇比用才，專取季土。或見庚丙，可許入泮，白手成家。用火者，木妻火子，子肖妻賢。或四柱木多，用丙用丁，皆不足異，當用庚金為妙。凡四季甲木，總不外乎庚金。

甲木生於戌月的人，如見柱中多木身旺者，用丙火食神和丁火傷官，疏通旺氣，加強秀氣流通，至為重要，如能再用得到庚金七殺更妙，皆因文中所指，大凡四季之甲木生人，不外乎取七殺制本身旺氣，以成大用。

譬如木為犁，能疏季土，非庚金為犁嘴，安能疏土，雖用丙丁，癸庚決不可少也。九月卻不取土妻庚子，當取水妻木子。

木能疏土，令雜質轉清，所以要有金屬為功具以破土。雖然甲木日主喜用丙丁火吐秀，這是身旺而論，若身弱，癸水正印和庚金七殺，便顯得重要了，取其殺印相生，便能成就驕人，故其又以水為用神，故水為妻，水生木為子，此為原作者的六親分類法。

凡甲木，多見戊己，定作棄命從才而看。從才格，取火妻土子。

大凡甲木生人，見戊己土財星在天干地支遍佈，便是棄命從才格，而六親配置方面，則以火為妻，火生土為子，何解？從財格以食傷火生戊己土為喜用之故。

或見一派丙丁傷金，不過假道斯文，有壬癸破了丙丁，技藝之流。無壬癸破火，支又成火局，乃為枯朽之木，有庚亦何能為力，定作孤貧下賤之輩，男女一理。

甲木生於戌土月者，四柱丙丁火多，性格喜藝術創意，自由學術等，因命有吐秀之氣，若見壬癸水正偏印來生木剋火，身弱之命便會流於買藝，表演者，是為技藝之流，難登大雅之堂。

無壬癸水去制火，而又見火多成局的話，身弱之人便難以承受耗洩，加上庚金之壓力，更添生活孤貧低下。

或有假傷官，得地逢生，此正合甲乙秋生貴元武之說，用水制傷官者，以金為妻，水為子。

火多成局，只要是日主得地又逢生，日元健旺，便不怕火來洩，所謂甲乙木秋天生人，貴用元武，即玄武水是也，此為身弱以印水生身為貴，又以金為喜用神，故金為妻，金生水為子。

或丁戊俱多，總不見水，又為傷官生財格，亦可云富貴，此格取火為妻，土為子。

如丁火戊土透干卻無水，生於戌月，主氣屬土，干見火土即為傷官生財格，只要身旺便能擔財，富貴可許了。故其以火為喜用，配火妻土子。

凡甲多庚透，大貴。庚藏，小貴。若柱中多庚，則又以丁為奇，富貴人也。

如庚申年、丙戌月、甲申日、壬申時，此主功名顯達，有文學。若無庚丙年月，又無火星出干，雖曰好學，終困名場。

甲木生於戌月，甲木多而透庚金七殺，又配合得宜，是權貴之人，如庚不透，藏於地支裡，只得小權小貴，又柱中多庚金而見丁火是為奇，奇在食神制殺成格，便為一員勇猛的大將，是一個出色的領導人物。

此主功名顯達，有文學。

殺	庚	申	殺
食	丙	戌	才
	甲	申	殺
卩	壬	申	殺

大運

丁戊己庚辛壬
亥子丑寅卯辰

食神制殺而得入假從勢格，主功名顯達。地支三個申是較為少見，三個七殺星佔年日時支三連氣，再透出天干，必定是闖關大將，文中指有文學，似屬意是文人而非武將，見其所行大運，早行火土卻坐水，壬水三坐長生終為患，影響格局，到己丑年，去壬水之忌而上運，庚寅七殺坐寅，木為命中三申所沖去，故庚辛運都能開拓官位及權勢。

九月甲木，耑用丁癸，見戊透必貴。

戌月甲木生人，用丁火傷官和癸水正印，透戊土財星者貴，自然這要身旺，能擔財星和任傷官之洩，關鍵在於有印星生身，是為官印相生之命，十分可貴。

如戊戌、壬戌、甲子、甲申，支戌水局，干有壬水，正合貴元武之說。配得中和，一榜之命，家計豐足。但庚丁未透出干，不能館選。

一榜之命，家計豐足。但庚丁未透出干，不能館選。

才	卩		比
戊	壬	甲	甲
戌	戌	子	申
才	才	印	殺

大運

癸	甲	乙	丙	丁	戊
亥	子	丑	寅	卯	辰

甲木生戌月，支下二戌土重，透戊才身弱，支下得見由金子水，天干又壬水甲木，有印比扶身得用，偏印月令生身，甲木比肩緊貼日主助旺，因此大運早年癸亥，甲子和乙丑，早行北方水運，印比相生，家底好，根基厚，一榜穩得，功名財富俱佳。庚為命中七殺，有殺是為殺印相生，對功名有利，丁火傷官合壬為喜，故不為忌。

庚丁兩旺，一品當朝。

卩 壬午 傷
殺 庚戌 才
　 甲午 傷
殺 庚午 傷

大運
辛亥 壬子 癸丑 甲寅 乙卯 丙辰

甲木生戌月，為一品大臣，丞相之命，支下午戌三合火局但不透而不成化，干透雙庚七殺當權，一壬虛浮無力，身弱極而入假從勢格，見大運由乙卯起即當運，乙入原局先化雙庚為強殺，支下卯合月令戌為火，位高權重，打後行丙辰丁巳，食神制殺運，仍能生起命格。

武庠（庠指古代學校），富而且壽。

殺 庚戌 才
食 丙戌 才
　 甲戌 才
才 戊辰 才

大運
丁亥 戊子 己丑 庚寅 辛卯 壬辰

本命甲生戌月，支下三戌土重再見戊辰時，干再透丙庚剋洩，是真從勢格，其傾向從財，行運早見火土，故家勢富足，己丑運出身即遇正財通根，早發財運，往後再行七殺庚運，和辛卯官星坐卯戌三化火運，決定能成就財官好際遇。

財	己	丑	財
比	甲	戌	才
	甲	子	印
比	甲	子	印

乏庚，丁火入墓，早貧賤，晚景大發，但庸人耳。

大運

癸酉 壬申 辛未 庚午 己巳 戊辰

甲木生戌月，年柱己丑，支下雙子水生起天干雙甲木，本可反弱為強，但月甲合己化土，始終是土重身弱命，看大運早行癸酉，壬申，都屬金水連環，生旺日元之運，何來貧賤之理呢？至於後運大發，是指丁卯、丙寅運，丁火坐卯戌合火，食傷會生財才，身弱是難破財，亦不能成立，故筆者對此命的真實性有所保留。

甲乙比肩，又逢比劫運，主兄弟劫財爭訟，刑妻損子。甲乙生正二月，無制無洩，主長髮師姑。

甲乙木為比肩與劫財星，是日主的同類，若身旺而運又遇上比劫星天透地藏，便會有身邊人包括兄弟之奪利事情，主要爭命中之財，這情況每見於爭家產事件。另外男命若比劫太重，又會剋傷妻星，因傳統六親中以妻為正財的原故，至於損子者，木以火為子息，命太強旺而無火，故不以為喜。

如屬女命，甲乙木生於寅月者，身旺比劫無制，即命無官殺，主無異性緣，甚至無情，更無食傷星來洩秀，便無子息，又不能入專旺格，是為身旺無依命，男女均大忌，都會抱獨身主義。

三冬甲木

十月甲木，庚丁為要，丙火次之。忌壬水泛身，須戊土製之。若庚丁兩透，又加戊出干，名曰去濁留清，富貴之極，即乏丁火，亦稍有富貴。

三冬甲木生人，是出生於亥、子、丑這三個月份者，冬天的甲木，初冬十月，以庚為要，是指亥月出生者，屬冬天水旺，庚金生水見寒，故喜丙丁火暖局，這是從調候的角度來判定，在正五行取用方面，當然要日元強旺，方能敵剋洩。冬木生水月，易成身旺阻塞不通，庚丁戊透出，便成疏通而極之富貴命。如果命中火金太多，便要棄命相從入從勢格，以庚丁戊來順剋順洩，以取喜用。若不入格的冬月甲木，便怕身旺水多，水多木浮，須用戊土制水，財來破印，令甲木能疏通，成喜土用財之命。

或甲多制戊，庚金無根，平常人也。庚戊若透，雖出比劫，必定富而壽。

如見甲木生亥月，木多便成過旺之命，甲木會剋弱戊財，再者命中之庚金七殺又洩弱無根，欠缺動力和自信，以致無力去求取功名利祿。

如果身旺甲木者，庚殺戊才同透，即使比劫甲乙木出干，庚金七殺都能制住命中的木，不令比劫奪財剋破戊土。

或多比劫，只一庚出干，坐祿逢生乃為捨丁從庚，略富貴。或支見申亥，戊己得所，以救庚丁，可許科甲。若單己透，其力弱小，不過貢監而已。用庚，土妻金子。用丁，木妻火子。

如果甲木生子月，八字中比劫木多，有一庚獨透而地支見申金為坐祿，命中沒有丁火屬傷官之吐秀，故而富貴。

金土得位，官至一品。

財	劫		比
己	乙	甲	甲
巳	亥	子	子
食	卩	印	印

大運

甲	癸	壬	辛	庚	己
戌	酉	申	未	午	巳

甲生亥月，支下雙子水多生木，再見天干甲乙木出干，身旺命，年柱己巳，火土欠力，前運行金水木運，逆其喜用，後半生卻一路金土火，故而官運享通。

喜用戊土，先貧後富。

卩	官		食
壬	辛	甲	丙
辰	亥	戌	寅
才	卩	才	比

大運

壬	癸	甲	乙	丙	丁
子	丑	寅	卯	辰	巳

甲木生於亥月，壬水出干，支下有辰戌二土，透辛官與丙食，身旺用丙火為坐，因丙火時柱支下坐寅長生，用神有力，故早年行水木時欠運，甲寅、乙卯運，比劫奪財分財，貧困失運，至後運行丙丁戊己，一路火土故而後運發富。

此為燈火拂劍，異路恩封，妻賢子肖。

官	辛	丑	財
財	己	亥	卩
	甲	辰	才
卩	壬	申	殺

大運

癸甲乙丙丁戊

巳午未申酉戌

甲木生亥月，本命柱中無半點火，命學以丁為燈火，本命找不到有燈火拂劍之象，故而在大運找，見丁酉運，丁火坐酉金，正合此句，本命雖生亥月水重，天干又透壬水，自坐長生，但得令失地失勢而身弱，但卻月令真神得用，丙運入原局與辛金合化成水，自坐申金生水，水又生木，日主得到正印扶身，財官　俱美，因而妻賢子孝。

戊出天干，止流水，號曰六甲趨乾，官至封侯。

才	戊	辰	才
印	癸	亥	卩
	甲	子	印
殺	乙	亥	卩

大運

己戊丁丙乙甲
巳辰卯寅丑子

甲木生亥月，支下再見亥子水，子辰再合，上透癸水，身旺命，天干癸戊合而不化，伴住戊土用神，幸大運一路丙丁戊己，火土並行，丙寅運丙火坐長生，丁卯同樣亦是木火相生，五行順生之運，吐秀功成，至己巳運，甲己合土，支下巳火生起，故有封候之貴。

化土失令，略有衣食，但孤寡疾。

才	壬	辰	比
比	辛	亥	比
	甲	子	財
劫	己	巳	印

大運

丁丙乙甲癸壬
巳辰卯寅丑子

甲木生亥月，子辰又化水透出天干壬水，身旺可知，干透辛金己土，水冷寒兼土凍之命，先天有所缺失，急需木火以暖身和生身，時運支有一巳火，但是不透，故而大運待補干方得好運，但可惜本命一路都行水木強根之運，丙丁本可補干，卻入原局即丙辛化水，丁壬化木，孤寡多疾無疑。

十一月甲木，木性生寒，丁先庚後，丙火佐之。癸水司權，為火金之病。庚丁兩透，支見巳寅，科甲有准，風水不及，選拔有之。若癸透傷丁。無戊己輔救，殘疾之人。或壬水重出，丁火全無者，庸人也，得丙方妙。或支成水局，加以壬透，名為水泛木浮，死無棺木。

總之十一月甲木，為寒枝，不比春木清茂，耑取庚丁。透壬無丙，不過刀筆異途，武職有驗。用庚，土妻金子。用火，木妻火子。

印綬格

	官		財
乙	戊	甲	甲
亥	子	寅	子
才	卩	印	食

大運

丁	丙	乙	甲	癸	壬
亥	戌	酉	申	未	午

甲木生子月，全局水木幾乎佔滿全局，入假專旺格，須行自黨水木運方合格局，大運主要行乙甲癸壬，水木干卻坐金土，蓋頭捷腳，小成而足。

庚丁丙透，又加丙除寒氣，官至王侯。

食	殺		傷
丙	庚	甲	丁
子	子	午	卯
印	印	傷	劫

大運

辛	壬	癸	甲	乙	丙
丑	寅	卯	辰	巳	午

甲木生子月，月柱和日柱天剋地沖，年柱丙子亦見沖剋之力，不甚和氣，是急須和解調順之命，幸得時支卯木，成雙子生卯木再生午火，三行順生有情，地支由沖戰變緩和，乃然是身略旺，干透庚丁丙七殺與食傷順洩，得以吐秀成功，命局中和，行運以身旺食神制殺取得權貴，見早年印星比水木，雖不是日主所喜，但中年往後行乙丙丁之大運，乙巳運乙庚合原局，化金，丙丁火得補根於巳火，是強力的食神制殺大運，主權力地位均有重大進取。

大將軍命

劫	才		殺
乙	戊	甲	庚
巳	子	辰	午
食	印	才	傷

大運

己	庚	辛	壬	癸	甲
丑	寅	卯	辰	巳	午

甲木生子月，支下有巳午火，無透，天干乙木，戊土，庚金，只有戊土有火生起，辰土助但合住不化無力，表明戊土偏才旺生庚，七殺被生起，故屬於身弱，命中喜透乙木，得到月令子水之生，惜被辰土拌住，因此，本命乙木補根，或子水補干，行水木運，即可生起日元，才殺能用，見大運早見寅卯木補根，惜蓋頭有金，但已有勇武習武之機，一入壬辰運，支下應期入原局，戌子辰半合化水，透過壬水出干，生旺了甲木日主，才殺顯用，武貴成就矣。但往後行的是癸巳，甲午的洩身逆運，恐有沙場失利，戰敗傾危。

一派水局，申運溺死

劫	乙	巳	食
才	戊	子	印
	甲	辰	才
卩	壬	申	殺

大運

丁	丙	乙	甲	癸	壬
亥	戌	酉	申	未	午

甲木生子月，申子辰三合水局得天干壬水引化，水旺生木身過強明矣，如此之命，水多木飄浮，決非好命，須見火土，金水木都不好，看看天干透甚麼？沒有火來順洩旺，只地支一個巳火，亦受水攻而無力，干透的是壬水偏印

和乙木劫財，都是忌神，因透偏才，全局因有兩個異黨而不能入從格，形勢之凶險已見。大運得到甲申，申子辰入局變應期，原局土崩火滅，危而無救矣。

十二月甲木，天寒氣凍，木性極寒，無生發之象，先用庚劈甲，方引丁火始得木火有通明之象，故丁次之。

庚丁兩透，科甲恩封。庚透丁藏，小貴。丁透庚藏，小富貴。無庚者，貧賤。無丁者，寒儒。或有丁透重重，亦是富貴中人，但須比肩，能發丁之燄，自有德業才能。如無比肩，尋常之士，稍有衣食而已。或支多見水，即有比肩，亦屬平常。總之臘月甲木，雖有庚金，丁不可少。乏庚略可，乏丁無用。

經云：甲木無根，男女夭壽。

財	己	丑財
傷	丁	丑財
	甲	辰才
比	甲	子印

此命有丁不貴，因支下多水，濕木不能生燄

大運

丙子 乙亥 甲戌 癸酉 壬申 辛未

甲木生丑月，日坐辰土，年柱己丑，上下土連根，土旺身弱可知，雖然時柱甲子水木可作幫扶，惜子水合住不化，失力之命，身太弱當然以丁火為忌，怕其洩弱日元，故大運喜行水木扶身，初運不錯，乙亥木坐水，得扶身故早年家庭和學識都不弱，至甲戌運便開始轉差，主要是甲己合土，這在命局成了重洩，還進入了應期，何解？本命甲木天干已見甲己，甲運木來幫身，但化土成忌，好事多磨，吉變成凶了，支下戌土沖墓庫，才官印，但天干沒印，無以承接，故此運財來返惹禍殃。到了癸酉運，得到正印扶身，酉合雙丑不化，略有雨露之水生甲木，生活較為安定而足，亦難言貴。

孤貧，壽至百壽

印	印		劫
癸	癸	甲	乙
亥	丑	午	亥
卩	財	傷	卩

大運

壬	辛	庚	己	戊	丁
子	亥	戌	酉	申	未

甲木生丑月，地支見雙亥水，水出干有雙癸水，一乙木，身轉旺矣，反取丑土財星為用，日支午火可以生土，但火見水而弱，關鍵在於支下火土，大運

能否補干，見其運早年一路金水之鄉，出身低微之人，及後中運行土金火，財才、官殺、食傷，雖然原局欠佳，但運頗好，身強力壯壽亦甚足，但細看其後面的運，甲辰，癸子。

才旺生官格，庚丁兩透，火又會局，鼎甲（指狀元，榜眼或探花）

財	己亥	卩
傷	丁丑	財
	甲戌	才
殺	庚午	傷

大運

丙	乙	甲	癸	壬	辛
子	亥	戌	酉	申	未

甲木生丑月，火土較旺，支下午戌化火生土，己土透干，全局只得一水，異黨佔全局，入假從勢格之命，天干傷官生財，財生殺，都是喜用順生，大運早行甲戌，少年得志，甲入原局與己合土，自坐戌土，午戌再合化火，天干地支都與原局配合得天衣無縫，是為應期，鼎甲之材無疑，現代必為十優狀元。

癸酉運酉丑半合化金，透出原局天干七殺，但殺生印、印生身，仕途不太如意，因官場犯小人而見敵者居多。

癸水傷丁，貧而且賤

劫　傷財
癸甲丁己
酉辰丑丑
官才財財

大運
辛壬癸甲乙丙
未申酉戌亥子

甲木生丑月，本命被形容為貧而且賤的命，到底出了甚麼問題？我們且看看，地支三土丑丑辰，天干透己，身弱難擔財星命，無如丁火傷官生財，財又生七殺，全局只得年干癸水正印，但因三土皆餘氣藏水，且能透干，故不能從，是滿盤異黨不入格局命，故與上命差天共地。

同樣是傷官生財，財生七殺，喜用換轉，雖行同樣的大運，但就貧且賤。

且讓我們細味個中玄機，本命之與前命不同之處：

首先看看兩命原局狀況，大貴命午戌合火得透丁火，根基強厚，全局結合

大貴從格命

貧賤正格命

殺　傷財
庚甲丁己
午戌丑亥
傷才財卩

大運
辛壬癸甲乙丙
未申酉戌亥子

有力，反觀貧賤命卻以丁火洩身為忌，癸水生身為喜，卻支下無根，只虛浮於天干，地支辰酉合而不化，欠團結力，更有丁和己洩，可判高下矣。

不過此命雖格局不高，只是個平凡人，因大運一路都是金水木順生，也能平穩活，說其貧賤便有點講不通。

富貴雙全，由午中丁火幫助月干也

財	己	丑	財
傷	丁	丑	財
	甲	辰	才
殺	庚	午	傷

大運

丙	乙	甲	癸	壬	辛
子	亥	戌	酉	申	未

甲木生於丑月，是個富貴雙全的好命，看看是何因由，本命全局無自黨，全異黨，是真從勢格，整體福運比前兩命高。

甲木以土為財，以火為貴，且見天干便己土生庚金，這更與前狀元命的天干一樣，地支亦十分接近，兩者有異曲同功之妙處，而本命的雙丑土透干見己土，正財比前者更強，且有丁火傷官生財，凸顯了其經濟之豐厚富裕，而丁火又得支下午火作支援，八字柱柱通根，故而富貴雙全，說得一點都沒有誇張。

乙木

三春乙木總論

三春乙木，為芝蘭蒿草之物，丙癸不可離也，春乙見丙，卉木向陽，萬象回春，須癸滋養根基。

在五行上，甲木為陽，乙木為陰，是為花草樹葉之木，生於寅，卯，辰月的乙木，是為三春乙木。原文指春木必須要用丙和癸，因春天的陰木，寒意尚在，須以太陽丙火來暖局，形成奔木向陽之效應，陰木陽火兩相協調，是為上命。

丙癸齊透天干，無化合制剋，自然登科及第，故書云：乙木根荄種得深，只須陽地不宜陰

而三春乙木者，有丙癸出干，會考上高級學府，擁有優秀學歷，但丙與癸

至怕被合化剋去，如丙遇辛合壬制，癸遇戊合己制，這樣丙和癸便失去了本身的作用，便是常人。這說明乙木如花草根深種，不宜生於陰暗低窪濕地，只宜生於見到太陽的高地。

漂浮只怕多逢水，剋制何須苦用金。

所謂「水多木浮」，癸水一般被視為雨露之水，春木自然喜見，但若水氣太多，令木難敵濕氣，便會適得其反，這是木受水生太過，身旺無洩之故，因此有丙火太陽之熱力陽氣，便相輔相成了。

三春乙木雖然得木氣強旺，身旺水多故而不好，但金來亦會生水，令木更強，所謂旺極用洩不用剋。

三春乙木

正月乙木，必須用丙，因天氣尤有餘寒，非丙不暖，雖有癸水，恐凝寒氣，故以丙火為先，癸水次之。丙癸兩透，科甲定然，或有丙無癸門戶闡揚。或丙多乏癸，名曰春旱。獨陽不長，獨富之人。或丙少癸多，又為困丙，終為寒士。或癸己多見，為溼土之木皆下格。

用丙者，木妻火子。用癸水見火多者，金妻水子。

貴在丙子，尚書

食	丁丑	才
印	壬寅	劫
	乙卯	比
傷	丙子	卩

大運

辛	庚	己	戊	丁	丙
丑	子	亥	戌	酉	申

乙木生寅月，子水生卯木，透出天干見丁壬合化成木，身強木旺可知，喜得丙火同透，得月令寅木作丙火長生，故其一生貴氣亦能收長生之力。

文中一句「貴在丙子」，是指本命的丙子時，意思是五行順生有情，子水生木，木又生火，這種循環相生的道理，讀者須知，因此本命行運便會很順境，比如說，庚子，己亥都是水旺運，但都不會影響到日主的好運，因水能生木、木生丙，到了戊戌運更上一層樓，戊財為喜，戌入原局合卯化火生傷官，生起更大優勢，後運丁酉，丙申，更是用神得力，顯貴之運。

歸祿格，丙癸得所，官至大學士

財	戊	子	卩
劫	甲	寅	劫
	乙	亥	印
才	己	卯	比

大運

庚	己	戊	丁	丙	乙
申	未	午	巳	辰	卯

乙木生於寅月，本身已旺，再見地支亥卯化木，由甲木出天干，身旺之命，看天干透戊己土，正偏財兩頭掛，需要補根方能起作用，至於歸祿，是指時支卯木，以卯木為乙木之祿，落於時支是為歸於最後，故為歸祿，實際上這是比較安全的位置，要身弱方好，身旺忌木便不以為吉了。

本命大運乙卯出身低微，家境貧困，往後丙辰，丁巳，戊午，己未，一路火土連環，都為命中所喜，木得以吐秀之功。

御史

官		傷	劫
庚	乙	丙	甲
辰	卯	寅	寅
財	比	劫	劫

大運

壬	辛	庚	己	戊	丁
申	未	午	巳	辰	卯

乙木生寅月，甲寅年月日時地支合成兩組的三會木局，上透天干甲木，身旺已極，得丙火透出吐秀，且坐年月寅木，丙火得坐長生，早行火土大運，戊辰，己巳，仕途得到大發展，至庚午，辛未運，庚辛都合住天干不化，由地支寅午和卯未合木出干生丙火，更官居御史。

二月乙木，陽氣漸升，木不寒矣，以丙為君，癸為臣，丙癸兩透，不透庚金，大富大貴。或天乾透庚，支下無辰，不乙木能化金，得癸透養木亦為貴，若見水庫，則為假化，平常人也。

二月乙木，耑用丙癸，或支成木局，有癸透乃作貴命，更得丙洩木氣，上上之命，但須透癸。或水多困丙，多戊化癸，皆下格。用丙者，木妻、火子。用癸者，金妻、水子。

此乃夾祿格，貴小富大，但子女多刑

印	壬	午	食
卩	癸	卯	比
	乙	丑	才
才	己	卯	比

大運

甲乙丙丁戊己
辰巳午未申酉

夾祿，是指月時兩支的卯木，為乙木之祿位，夾於日柱之間，故而有此稱謂，但要身弱用木者，方能受益。見本命乙木生於卯月，支下二卯，干透壬癸水正偏印，生身助旺，故而身旺，但己土得日支丑土之根，身強用土，故行運喜火生土，本命初運甲辰，乙巳只屬一般，及後行丙午，丁未運，火土連根透干，入原局生起己丑財星，再行戊申，己酉運，亦甚旺財，只是命中無火透天干，否則原局有午火之根，主亦可得貴氣。

此乃曲直格，加丙照癸滋，官至總兵

劫	甲	寅	劫
食	丁	卯	比
	乙	未	才
傷	丙	子	卩

大運

戊己庚辛壬癸
辰巳午未申酉

本命乙木生於卯月，支下卯未合化為木，從年柱甲寅透出，可謂身旺，天干透丙丁火，得以疏通貴氣及秀氣，且看大運，初運戊辰，己巳，土財甚足，出身環境頗優厚，進取較易，至庚午，辛未，天干合住，重在地支的午未火，入原局助旺丙丁用神，至壬申運一般人以為不好，但丁與壬合化木，木又生火，依然不錯。

曲直仁壽格，無東方運，一介寒士，惜哉

卩	比		官
癸	乙	乙	庚
亥	卯	未	辰
印	比	才	財

大運

甲	癸	壬	辛	庚	己
寅	丑	子	亥	戌	酉

乙木生於卯月，亥卯未三合木局出干，透乙木得癸水偏印生旺過甚，故喜見火土，庚弱難剋，其命中庚官被乙合住不化，只剩時支下的辰土財星能用，但不透干，故須歲運補干，方能顯其用。可惜運走北方，前半生一路水木相生，不為命局所用，後運己酉，可補干原局辰土卻被酉所合住，以至己土虛浮，發揮不到己土偏才之用，戊申運，戊土又與癸合不化，故一生為寒士。

出將入相

傷	殺		傷
丙	辛	乙	丙
子	卯	卯	子
印	比	比	印

大運

壬	癸	甲	乙	丙	丁
辰	巳	午	未	申	酉

乙木生卯月，支下雙子水生起雙卯木，天干丙辛合住不化，另一丙火透出但無根，因有兩個丙火而不能入專旺格，大運主要行水木火，都是順生之運，對丙火有利，身強有洩，甲午，乙未運，木火相生，故能壯年時出將入相。

亥卯未逢於甲乙，富貴無疑。木全寅卯辰方，功名有准。活木忌埋根之鐵，支下有庚辛，戕賊其根，木則朽矣。

三月乙木，陽氣愈熾，先癸後丙。癸丙兩透，不見己庚，玉堂之客。見己庚者，平常之人。或一乙逢庚，不見己者，亦主小富貴，但不顯達。或多水見己，只恐高才不第。見戊堪發異途。或庚己混雜，丙癸全，則為下格。

或見水局，丙戊高透，亦主科甲。或柱中全無丙戊，支合水局，此離鄉之命。或見一派癸水，又有辛金，則作旺看。得一戊己制癸，亦可云小富貴。若一派壬水，不特貧賤，而且夭折。有一戊己，方云有壽，但終為技術之人。

又或庚辰時月，名二庚爭合，乃貧賤之輩。如年干見丁破庚，可云從化，亦不失武職之權。用癸者，金妻水子。癸多用丙者，木妻火子。

此作從化格，但不逢時，一富翁耳

官	庚	午	食
官	庚	辰	財
	乙	酉	殺
食	丁	亥	印

大運

辛	壬	癸	甲	乙	丙
巳	午	未	申	酉	戌

乙木生辰月，支下辰酉合化金，透出天干，庚與日元乙又化金，年干透金，身弱可知，文中說從化格，即化氣格，是指日主乙木也從化成金，這與本派原則有所不同，本派認為日主永不會被它干合化，依然是原本五行屬性。因此本命仍以身弱命論，身弱再見丁火，以年支午火為根，故行運見火即差，其運早年壬午，癸未，水蓋火頭，火雖未出頭，根基卻淺，及後行甲申，乙酉，木能幫身生火以敵庚官之剋制，故成為小富商一名。

六乙鼠貴格（貴人訣云：乙己鼠猴鄉）

劫 甲寅 劫
財 戊辰 財
乙亥 印
傷 丙子 卩

大運

己巳 庚午 辛未 壬申 癸酉 甲戌

乙木生辰月，乙木生人以子水為貴，這都要是身弱用印，方能成立，觀本命雖生辰月透戊土，但水木較多，仍是身旺，用月柱財星，丙火年干傷官生財為喜用，但看初運己巳火土是吉運，少年庚辛金運，火土生金，仍有可取，但到了壬申，癸酉運，水旺生木，便有違喜用了。

拔貢（「拔貢生」，詩會試、廷試者），但刑妻損子，兄弟全無，因支中戊土太多

食 丁酉 殺
劫 甲辰 財
乙巳 傷
劫 甲申 官

大運

癸卯 壬寅 辛丑 庚子 己亥 戊戌

乙木生辰月，地支申巳，辰酉皆合而不化，天干雖有二甲透出但無根，支下全是異黨，透丁火反而有巳火之根，故而丁火為忌，身弱之命。弱命透兩

甲，生丁火吐透，但支下無根，秀氣大減，急待補根，大運早行癸卯，壬水寅，水木相生，少年得志，但隨著是庚辛己戊庚，金剋木成，土洩木，是逆喜用之運，要說到刑妻損子，兄弟全無，應該不是支中餘氣多戊土所致，相信是主氣異黨剋洩過重，又行剋洩運為主因。

三夏乙木總論

三夏乙木，木性枯焦。四月專尚癸水。五六月先丙後癸，夏至前仍用癸水。先得丙透，支下又有丙火，名曰木秀火明。得一癸透，科甲中人。或透二丙一癸，可許採芹。

生於夏季裡的乙木，被形容易於枯焦，夏天出生本來就是炎炎夏日，小花小草很快便會枯謝，所以水份真的十分重要，那麼壬水又如何不用？壬水乃江河之水，小花小草怕受到大水沖走，故喜雨露之水癸水，是故三夏乙木生人，首要透出的天干就是癸水。至於在八字旺弱學理上，三夏乙木生人癸水偏印，生助乙木日主，身旺可用丙火吐秀，又合乎調候方向，故而能取得功名。

或一派癸水，有丁無丙，平常之人。或一癸透干，異途顯宦，難由科甲。癸居子辰，異路小職。或丙藏支下，癸透年干，己出月上，雖非科甲，異路功名。又或重重癸水，或支藏癸水，由行伍出身得功名。

天干有兩甚至三個的癸水，便形成烏雲閉日，密雲不雨的情況，即使是夏天，遇上了這個天氣，也會氣溫驟降，花草接觸不到陽光，生長便成障礙。如透一丁一癸，溫寒能互相配合，雖無太陽之火，但求丁火取暖，故只能取得異路功名，現代即非由正統大學畢業，進身大公司，而是從事技術或技藝。

乙木生於夏季，若干多癸水，水多火困而無丙火，便是平常人，相信是單純調候的說法，並沒有考慮到身旺用火洩的法則，丙火和丁火同樣都會受水剋，都會是常人。至於能透癸水者會在學校以外取得成就。

癸水透干，支下子辰有引而能化成水局，亦應了水多火困，故學識有限，只能當個不重要的小職位。

（筆者按：往後的書中內文，將會由詳解改為點題作按，轉而集中筆力在書中數百個命例上，讀者已看過前面的甲木詳釋，自可融匯貫通。）

三夏乙木

四月乙木，自有丙火，耑取癸水為尊。四月乙木專用癸水，丙火酌用，雖以庚辛佐癸，須辛透為清。癸透、庚辛又透，科甲定然，獨一點癸水、無金，是水無根，雖出天干，不過秀才小富，須要大運相扶。或土多困癸，貧賤之人。丙戊太多，支成火局，瞽目之流。

用癸者，金妻水子。乙逢雙女木傷殘，若見辛金壽必難，不得丙丁來制伏，豈知安樂不久長。五月乙木，丁火司權，禾稼俱旱。上半月屬陽，仍用癸水。下半月屬陰，三伏生寒，丙癸齊用。柱多金水，丙火為先，餘皆用癸水為先。

乙木重逢火位，名為氣散之文，支成火局，洩乙精神，須用癸滋。癸透有根，富貴雙全。或庚辛年上，癸透時干，定許科甲，無癸者常人。若見丙透，支成火局，陽焦木性，此人殘疾，無癸必夭，見壬可解。或火土太多，其人愚賤，或為僧道門下閒人。六月乙木，木性且寒，柱多金水，丙火為尊。支成水局，乙得無傷。癸水透干，大富大貴。無癸定作常人，運不行北，困苦一生。

凡五六月乙木，氣退枯焦，用癸水切忌戊己雜亂，則為下格。或甲木高透，制伏土神名為去濁留清，可許俊秀。土多乏甲秀氣脫空，庸人而已。或丙癸兩透，加以甲透制戊，選拔定然。若不見丙癸，只有丁火，亦屬常人，有壬、可充衣食。或柱中無水，又無比劫出干，乃為棄命從才，富大貴小，能招賢德之妻。從才格以火為妻，土為子。或一派戊土出干，不見比肩，名為才多身弱，終為富屋貧人。或丙辛化水，嫖賭破家，終非承受之兒。或一派乙木，不見丙癸，名為亂臣無主勞碌奔波，又加支多辛金，僧道之輩。或一派甲木，無癸無丙，又無庚金，此人一生虛浮，總不誠實。有庚制甲，乃有謀之人，但嗜酒貪花，多慾敗德，不修品行，男女一理。總之夏月之乙木，㞢用癸水，丙火酌用，庚辛次之。

三秋乙木

三秋乙木，金神司令，先丙後癸，帷九月㞢用癸水，恐丙暖戊土為病也。七月乙木，庚金乘令，庚雖輸情於乙妹，怎奈干乙難合支金。柱見庚多，乙難受載。或丙透干，又加巳出埋金，此格可云科甲。有己透、加丙，亦是上命。七月喜己土為用，或不見丙癸。己土必不可少，此則以火為妻，土為子。或癸透、丙藏、庚少，此不用己，可許貢拔。無丙、有癸透者，不失刀筆門戶。有支下庚多，癸又藏者，無丙己二神，平常人物。或生辰時，此為從化，反主富貴。凡化合格皆以所生之神為用。化金者，戊為用神，特忌丙丁煆煉破格。從化者以火為妻，土為子。其餘以金為妻。妻必賢美。以水為子，子必剋肖，但忌刑沖。凡命皆然，不特此也。

富僧，此庚旺無丙之故

官	庚	午	食
劫	甲	申	官
	乙	卯	比
食	丁	丑	才

大運

乙酉　丙戌　丁亥　戊子　己丑　庚寅

乙木生申月，干透庚金，身弱喜生助，原局透甲而受庚剋，竟是個佛門富僧，頗值得研究，僧道修行人，命格多數清而帶點偏枯，但見此命五行金木火土足，亦算齊全，故不能視其為清淨僧侶。若以平常人論，即使在丁亥運，亥卯化木出干而得斂小財，當行到戊子，己丑運，身衰見土，破財損運必應。

知縣，此化格，妻賢子肖

財	戊	午	食
官	庚	申	官
	乙	丑	才
財	戊	寅	劫

大運

辛酉　壬戌　癸亥　甲子　乙丑　丙寅

乙木生申月，日主合庚化金，生於申金月，干透雙戊土，八字無水，身弱已極，入從勢格，不少命書以日主乙庚合為化氣格，但本派會以乙木日主不裡化為宗旨。本命從格故以異黨為喜用，大運要到中年乙丑運，乙合庚金化官，支下丑土生起，才有官職在身，且能一家和樂。

秋乙逢金，非貧即夭。秋生乙木忌根枯，根既枯槁，貧苦到老。

八月乙木，芝蘭禾稼均退。以丹桂為乙木。在白露之後，桂蕊未開，耑用癸水以滋桂萼。若秋分後，桂花已開，卻喜向陽，又宜用丙，癸水次之，丙癸兩透，科甲名臣。

或支成金局，宜暗藏丁，無丁制金，恐木被金傷。若無水火，此人勞碌。或得癸水，為子得母，其人一生豐盈。或丙癸兩透，戊土雜出，亦主異路功名。

生秋分後，有丙無癸，亦略富貴。若有癸無丙，名利虛花。若四柱不見丙癸，下格。

或癸在年（月）干，丙透時干，名為木火文星，定主上達。生於秋分後方佳。

或生上半月無癸，姑用壬水，不然，枯木無用，必作貧人。又四柱多見戊己，下格。用癸者，金妻、水子。用丙者，木妻、火子。用壬者，金妻水子。

名藤蘿繫甲，癸水得祿，科甲名臣

時	日	月	年
傷		劫	劫
丙	乙	甲	甲
子	酉	戌	寅
卩	殺	財	劫

大運

庚己戊丁丙乙
辰卯寅丑子亥

乙木生戌月，丙透時干，文中指為木火文星，乃能通達之命，先看本命旺弱，干透雙甲，寅木在支，子水生木，故而弱中轉旺，可用丙火傷官吐秀，以求顯達。看大運早得丙丁火，青少年時期已讀書有成，科甲有望，運至己卯，卯戌化火，己土入原局雙合甲木，化忌為喜，是為應期，故為名臣之命。

辛癸兩透，木局破戌，行酉運選拔，位至尚書

時	日	月	年
卩		財	殺
癸	乙	戊	辛
未	卯	戌	丑
才	比	財	才

大運

壬癸甲乙丙丁
辰巳午未申酉

乙木生戌月，支下丑戌未土，戊土透出天干，身弱財多，幸自坐卯木，卯

未化木，本身亦不弱，能敵群財之洩，無如癸水出干生起日主乙木，命中無火故有木土水之戰意，大運火來通關，即顯本領。

早行丁酉運，十多歲便選拔科舉，早踏台階，丙申運丙辛化水，偏印生身有功，早有功名在身，至乙未而出應期，卯支入原局卯木化木，乙木出干，比肩助旺，財生七殺，更上一層樓，甲午運，甲木仍能助旺日元，支下午火通關，中年後壬辰，辛卯，水運仍能生身，旺起財殺，故官至尚書。

支見辰可云化合，但非其時，孤貧有壽

官	傷		官
庚	丙	乙	庚
辰	戌	亥	辰
財	財	印	財

大運

丁	戊	己	庚	辛	壬
亥	子	丑	寅	卯	辰

乙木生戌月，天干透雙庚，乙庚化金官，官星剋制，支下三土見辰戌，日坐亥水，身弱假從命。

早行北方亥子丑運，干透火土，家境理應不錯，及至己丑，土才生起官星，亦理應早發才情，官運早至，說是孤貧命，實有所疑，故此命且按下待証。

甲乙遇强金，魂歸西土，青龍逢兌旺，且貧且賤。乙木生居酉，莫逢巳酉丑，富貴坎離宮，貧窮申酉守。木逢金旺已傷，再遇金鄉，豈不損壽。

九月乙木，根枯葉落，必賴癸水滋養。如見甲申時，名為籐蘿繫甲，可秋可冬。若見癸水，又遇辛金髮水之源，定主科甲。或有癸無辛，常人。有辛無癸，貧賤。或四柱壬多，水難生乙，亦是尋常之輩。

或支多戊土，又逢天干，作從才看，無比劫方妙，一逢比劫，富屋貧人。

用癸者，金妻、水子。但子女艱難，季土剋制故也。

丙戊祿在巳，惜不透干，可許一榜

才	己	亥	印
比	乙	亥	印
	乙	巳	傷
食	丁	亥	印

大運

甲	癸	壬	辛	庚	己
戌	酉	申	未	午	巳

乙木生亥月，支下亥水三見，是為三連氣，夾沖巳火，身旺命，喜見干透丁火己土，食神生偏才，惜支下巳火被眾亥沖去，根基尚弱，急欲補根。只見大運早行壬申，運欠火而不佳，要到辛未運來，七殺坐才，功名方至，接著庚

午運庚合木不化，午火又被亥水圍困，故運氣不前，及至己巳運，天剋地沖，不能安穩矣。

三冬乙木

十月乙木，木不受氣，而壬水司令，取丙為用，戊土次之。丙戊兩透，科甲定然。有丙無戊，雖不科甲，亦入儒林。支多丙火，運入火鄉，亦主顯達。或水多無戊，乙性漂浮，流蕩之徒。若不見丙巳，妻子難全，或一點壬水，即多見戊土，亦為不妙，得甲制戊，可許能幹，但為人好生禍亂，構訟生非，男女一理。支成木局，時值小陽，此又如春木同旺，若有癸出，須取戊為尊，加以丙透，科甲之人。若無丙戊二字，自成自敗，終非承受之輩。

十一月乙木，花木寒凍，一陽來復，喜用丙火解凍，則花木有向陽之意，不宜用癸以凍花木，故耑用丙火。有一二點丙火出干，無癸制者，可許科甲。即丙藏支內，亦有選拔恩封，得此不貴，必因風水薄。或壬癸出干，有戊制，可作能人，即丙在支內，亦是俊秀。若壬透無戊，貧賤之人。

支成水局，乾透壬癸，丙丁全無，雖有戊制，貧乏到老，運至南方，稍有衣食。丁火有亦如無，丁乃燈燭之火，豈能解嚴寒之凍。設無丙丁，戊土多見，金水奔流，下賤。或有戊己無火，亦屬常人，但不至下賤。或一派丁火，大奸大詐之徒。如無甲引丁，孤鰥到老。丁火見甲，必主麟趾振振，芝蘭繞膝。或成水局，壬癸兩透，則木浮矣，不特貧賤，而且夭折，得一戊救方可。冬月乙木，雖取戊制水，不可作用，耑取丙火則可。用火者，木妻、火子。用土者，火妻、土子。

丙戊兩透，詞林（即翰林院）

官	庚申	官
財	戊子	卩
	乙巳	傷
傷	丙子	卩

大運

己丑	庚寅	辛卯	壬辰	癸巳	甲午

乙木生子月，地支申合雙子不化，本命中和，旺弱不易判，水略強，身略旺，喜行財官，傷官亦佳，但看大運早見財星連根，出身富貴，少年庚寅，辛卯，官殺運亦不錯，但蓋頭截腳，成就有限，壬辰化重水而運欠佳，癸巳運癸戊化火，支下巳申化水，水火互化，起落同見。

乙木生於冬至之後，坐下木局，得丙透干者，富貴之造。即丁出干，亦有衣祿，須忌癸制丁。乙木生於冬月，己土透干，又有丙透，大富貴之造。

十一月乙木，木寒宜丙，有寒谷回春之象，得一丙透，無癸出破格，不特科甲，定主名臣顯宦。丙火藏支，食餼而已。干支無丙，一介寒儒。或四柱多己，不逢比劫，乃為從才，富比王侯，若見比劫，貧無立錐。雖或一派戊己，見甲頗有衣祿。耑以丙火為用，方妙。

一榜，官至太守

印	壬	午	食
卩	癸	丑	才
	乙	卯	比
殺	辛	巳	傷

大運

甲	乙	丙	丁	戊	己
寅	卯	辰	巳	午	未

乙木生丑土月，支下火土並旺，身弱命，喜用同透天干，殺印俱備，待補干而起，看大運早行甲寅，乙卯，木氣連環助旺日元，早運開通，殺印顯力，但隨後的都行逆喜用之運，身弱洩身，應沒有作為才對，做亦屬存疑之命例。

巳酉丑會金局，帶丙不得祿，一富而已

印	壬	午	食
卩	癸	丑	才
	乙	酉	殺
殺	辛	巳	傷

大運

甲	乙	丙	丁	戊	己
寅	卯	辰	巳	午	未

乙木生丑土月，支下巳酉丑三會東方木局，透天干有辛金，七殺強盛命，身弱以水木印比幫身為用，喜天干透正偏印，成殺印雙生之局，須行金水雙生運，即能建功立業。惜大運一直金水全無，早行甲寅，乙卯，木運幫身，早年運好，家境富裕，積極奮發，至丁巳運，丁壬化木，巳酉丑三會金局，生起命中之水木旺氣，金水生木，五行順生有情，運起而上，再行戊午，己未，已走下坡。

此名殺重身輕，貧而且夭

官	庚	子	卩
才	己	丑	才
	乙	巳	傷
官	庚	辰	財

大運

庚	辛	壬	癸	甲	乙
寅	卯	辰	巳	午	未

乙木生丑土月，支下子丑合土，復見巳火生辰土，天干又透己土，旺土生雙庚金，又乙化庚，身弱極而從，如若不從，必屬殺重身輕命，此命之所以貧夭，實際上是大運一路行逆運所至，從格行自黨水木運，至壬辰運子辰化水局，破局矣。

論火

炎炎眞火，位鎭南方，故火無不明之理，輝光不久。全要伏藏，故明無不滅之象。火以木為體。無木、則火不長焰。火以水為用，無水、則火太酷烈。故火多則不實，火烈則傷物。木能藏火，到寅卯方而生火，不利於西，遇申酉而必死。生居離位，木斷有為，若居坎宮，謹畏守禮。

金得火和，而能鎔鑄。水得火和，則成既濟。遇土不明，多主蹇塞。逢木旺處，決定為榮。木死火虛，難得永久，縱有功名，必不久長。春忌見木，惡其焚也。夏忌見土，惡其暗也。秋忌見金，金難剋制。冬忌見水，水旺則滅。故春火欲明，不欲炎。炎則不實。秋火欲藏、不欲明。明則太燥，冬火欲生、不欲殺，殺則歇滅。

生於春月，母旺子相，勢力並行，喜木生扶，不宜過旺，旺則火炎。欲水既濟，不愁興盛，盛則沾恩。土多則蹇塞埋光。火盛則傷多烈燥。見金可以施功，縱重見用才尤遂。

夏月之火，秉令乘權。逢水制則免自焚之咎，見木助必招夭折之患，遇金必作良工，得土遂成稼穡。金土雖為美利，無水則金燥土焦，再加木助，太過傾危。

秋月之火，性息體和，得木生則有復明之慶。遇水剋難免隕滅之災。土重而掩息其光。金多而損傷其勢。火見火以光輝，縱疊見而必利。冬月之火，體絕形亡，喜木生而有救，遇水剋以為殃。欲土製為榮，愛火比為利。見金為難任財，無金而不遭害，天地雖傾，火水難成。

三春丙火總論

三春丙火秉象至威，陽回大地，侮雪欺霜，耑用壬水為扶陽，名曰天和地潤，既濟功成。正月用壬，庚辛為助。二月耑用壬水。三月土重晦光，取甲佐之為妙。癸丙春生，不晴不雨之天。丙日春生，時月出癸，雲霧迷濛，不顯不達，非若壬水輔丙也。

三春丙火

正月丙火，三陽開泰，火氣漸炎，取壬為尊，庚金佐之。壬庚兩透，科甲定然。即壬透庚藏，亦有異途顯達。若一庚高透，支藏一二丙火，納粟奏名，主為人慷慨英雄，有才邁衆。或一派庚辛混雜，常人。得時月兩透庚金、無辛者，定主清貴。或辛年辛時，名為貪合，酒色之徒。女命一理。

或丙少壬多，而無戊制，名殺重身輕。斯人笑裏藏刀，尋非痞棍。或見一戊制壬，反而富貴，宜見一二比肩方妙。或一片戊土，甲不出干，終非大器，且恐孤貧。正月之丙，忌戊晦光。或支成火局，耑取壬水為貴，無壬、癸亦姑用。若壬癸俱無，取戊以洩火氣，但屬平人。或支成火局，又作炎上而推，但不逢時耳。若不見東南歲運，反致孤貧。或四柱有甲木，得庚金暗制，可作秀才。無壬用癸者，略富貴，且官殺亦要旺相有根。丙火無壬，多主貧賤，屢激屢驗。或火多無水，一至水鄉必死，不然，定有災咎。惟五月丙火，合炎上格，則不喜水破格。用癸無根，定主目疾。用壬者，金妻水子。用庚者，土妻金子。

兩干不雜，按察（主管一省的刑法）

時	日	月	年
才		才	比
庚	丙	庚	丙
寅	午	寅	午
卩	劫	卩	劫

大運

辛	壬	癸	甲	乙	丙
卯	辰	巳	午	未	申

丙火生寅木月，八字四柱年柱與日柱同，月柱與時柱同，古書視作兩干不雜格之命，為特別格局，而以正五行分析，支下寅午雙化合成火，透出天干，丙火旺極，但因干透兩個庚金而不能入專旺，故以身旺喜土作通關為大用神，

因庚金受群火之燒熔，必須有土轉化才不會比劫奪財，身陷禍殃，至怕身強復行劫財，破局身衰。

幸見大運一路金水，與原局雙才庚金，生起官殺之力，至甲午運行印劫，行逆運，雖有雙庚制甲木，但土劫勢強，剋力無情，應有一劫須渡。

庚壬兩透，詞林

才	庚	寅	卩
食	戊	寅	卩
	丙	寅	卩
殺	壬	辰	食

大運

己	庚	辛	壬	癸	甲
卯	辰	巳	午	未	申

丙火生寅木月，支下見三寅，丙火三坐長生，身旺命，見庚才壬殺，食神雖透，卻根受木剋，大運早行傷官，庚才財和官殺，壬午運寅午三合火比，七殺透干，殺印雙生，癸未運，癸合戊土成化變火，貴氣有限。

在古法中有「連珠暗拱」的說法，即三個寅木加一個辰土，可以暗捧出一個卯木來，這其實是補根之原理，當行卯木歲運而天干又透木的話，便能構成三組寅卯辰會木局，當出應期（可參考本人註釋：玉井奧訣古今釋法），幸好本命無木透干，歲運亦無乙卯，丁卯（丁入原局合壬成木），不致會成強大的比劫木局來，傷及日主。

狀元

財	辛	亥	殺
才	庚	寅	卩
	丙	子	官
劫	丁	酉	財

大運

甲乙丙丁戊己
申酉戌亥子丑

丙火生寅月，地支有亥子水生木，可生日元丙火，支下酉金為根，助天干庚辛金正偏財，八字中和，身略弱但木火生助，行運木火即起，看看丁亥初見火透，已能通達，讀書有成，功名早顯，再行丙戌運，反而遜色，因丙辛合住不化，戊土又洩日主。

假借斯文，先貧後富，但子息艱難

劫	丁	酉	財
殺	壬	寅	卩
	丙	子	官
食	戊	戌	食

大運

丙丁戊己庚辛
申酉戌亥子丑

丙火生寅月，春火見丁壬，天干化合有情，支下有子水生木，身旺之命，喜見時柱戊戌，土食透出坐根，早年行辛財和庚才運，家運應好，又怎會貧，亦未知何以說其假借斯文，但看早運坐下為北方亥子丑生子水官星，乃能讀書增值，中年過後，戊戌，己酉運，亦是自由寫意之生財運，反而及後之火運平常，照實際觀命之情況，應該是先富後平，方合此命。

二月丙火，陽氣舒升，耑用壬水。壬透天干，不見丁化，加以庚辛己亦透，壬水有根，定主科甲。

或無壬水，己土姑用，主有才學，雖不成名，必衣食充足。或一派壬水，見一戊制，雖不科甲，亦有恩庇。或無戊透，則有辰戌丑未之戊，但辰宮癸水，貪合成火，不能制土，此平常衣祿。若支下全無一戊，此係奔流之人，加以金多生水，下賤之命。

或一派戊土，亦用壬水，運喜行木，見土不祥。行火亦不利。或丙子日，辛卯時，乃從化格，但不逢時，貪財壞印，難招祖業。若得一二重丁火破辛，壬水得位，亦主富貴，雖不科甲，亦有異途，名傳郡邑。合此格，主妻妾多子。或月時見二辛卯，日乃丙子，名為爭合，年不透丁制辛，此人昏迷酒色，年透丁火反吉。或支成木局，反因奸得財，因酒得名。凡用壬者，金妻水子。

月申中庚壬，孝廉（清朝對舉人的雅稱）

印	傷		傷
乙	己	丙	己
亥	卯	申	亥
殺	印	才	殺

大運

戊	丁	丙	乙	甲	癸
寅	丑	子	亥	戌	酉

丙火生己月，本命月柱地亥合化成木，從乙木透出天干，身旺明顯，天干透兩己土，傷官配印，是為清貴之命，故學業也略有小成，但此命行運始終為水木，非命中所喜用，故成就有限。

武舉，但子息惟艱

官	比		殺
己	丁	丙	己
亥	卯	申	亥
傷	食	劫	食

大運

丙	乙	甲	癸	壬	辛
寅	丑	子	亥	戌	酉

丙火生卯木月，亥卯雙合不化，天干單透丁火助日主，但終不及異黨勢眾，雙亥雙己之剋洩，屬身弱命，早行丙寅，乙丑，日主得扶助，家境尚好，至甲子運甲合原局雙己不化，子水合申亦不化，但原局卻得以轉清，本身丁火

也有助力，亦能考取到功名，但癸亥運天干癸水剋丁而有己土制，故不為忌，地支合入原局卻不成化，士途一般，至壬戌運，壬水與原局丁化成木，支下卯戌化成火，身弱得到喜用，扶持有力，應得貴顯。

三月丙火，氣漸炎升，用壬水。或成土局，取甲為輔，壬不可離。壬甲兩透，科甲定宜，惟忌庚出制甲，則秀才而已。無甲用庚，助壬水洩土氣。壬透甲藏，富大貴小，有甲無壬，勞碌濁富。壬藏無甲，一介寒儒。壬甲兩無，愚賤之輩。乙丁雜亂，定必屬凡夫。用壬者，金妻水子。用甲者，水妻木子。

壬出天干．太守

官	癸丑	傷
比	丙辰	食
	丙午	劫
殺	壬辰	食

大運

乙	甲	癸	壬	辛	庚
卯	寅	丑	子	亥	戌

丙火生辰土月，本命地支三土，天干兩水，都是剋洩之物，但本命日坐午火羊刃，再透丙火比肩，身弱而不弱，官殺補根即可顯其用，若歲運有地支金生天干水，成金水相生，財官俱美之運。

見本命大運早行乙卯，甲寅，出身，書香世家，少年得志，讀書顯用。

本命行到壬子運必須一提，就是與日柱原局天剋地沖，人生中、官場上，必有一次重大沖擊與變故，不可不防，如有印可化，但可惜沒有。

明經（是古代甄選人才的一個類科）

財	辛	卯	印
殺	壬	辰	食
	丙	戌	食
官	癸	巳	比

大運

辛	庚	己	戊	丁	丙
卯	寅	丑	子	亥	戌

丙火生辰月，支下月日二柱天剋地沖，未見有合，不穩定之象，支下木火，俱干不透，木生火土，土生金，金再生水，即生其天干癸水是也，故命中五行順生有情，身弱用木火，印比即好。

看大運早行財才傷食，坐東方北方水運，原局天干無木，起不了生助之用，早年不起眼之命，及後丁亥運，得應期至，丁火先入原局與壬水天干化木，支下亥水再合化原局卯木，天地化合，身弱命得到印星之生助，功名與官位方始有望。

三夏丙火總論

三夏丙火，陽威性烈，專用壬水。若亥宮壬水無力，回剋洩氣故也，仍用申宮長生之水，方云富貴。四月耑用壬水，金為佐。五月亦耑用壬。四五月壬透者富貴。丁多、兼看癸水。六月用壬，但借庚金為佐。陽刃合殺，威權萬里。丁火羊刃太旺，正謂羊刃倒戈，無頭之鬼。丙火用壬，生旺坐實方好，忌壬水太多，名殺重身輕。

三夏丙火

四月丙火，建祿於巳，火勢炎炎，宜專用壬水，解炎威之力，成既濟之功。如無壬水，孤陽失輔，難透清光。得庚發水源，方為有根之水。壬庚兩透，不見戊土，號曰湖水汪洋，廣映太陽，光輝顯著，文明之象，人格合此，不但科甲崢嶸，必有恩諡封榮，若不驗，必暗損陰德。

或無壬水，癸亦姑用，見庚透癸，不富必貴，但心性乖僻，巧謀善辯。或壬癸俱無，愚頑之輩。火炎無制，僧道之流，不然，須防夭折。或一派庚金，不見比劫，有富無貴。或丙午日干，四柱多壬，不見戊制，名曰陰刑殺重，光棍之流。或支水局，加之重重壬透，一無制伏，盜賊之命，如見己土，下賤鄙夫。

用壬者，金妻水子。

庚運鄉魁

劫 丁巳 比
印 乙巳 比
丙子 官
食 戊子 官

大運

己庚辛壬癸甲
亥子丑寅卯辰

丙日生巳月，地支兩坐巳火，天干透乙木生丁火，身旺命，戊土食神透干，得雙巳火所生旺，故大運早年行水木運，身旺無依，至辛丑，庚子運而發貴，喜土生金財星得用。

炎上格，火臨巳午未之域，官至太尉

印 乙未 比
財 辛巳 比
丙午 卩
卩 甲午 劫

大運

乙丙丁戊己庚
亥子丑寅卯辰

丙火生巳月，地支全巳午未雙火會南方火局，天干甲乙木助旺火勢，辛金合丙不化而虛浮，是入從勢格命，炎上者，指本命之火勢猛烈，必須順行木火，不能逆旺神。

看看大運，早行庚辰，己卯，戊寅運，強火洩中有暗生，戊己土洩而支下寅卯生，少年已有聲名，才華早見，到了丁丑運，丁火出干，仍能生旺命局，丙運合財不化，子沖雙午，命局結合有力，不怕子水之沖，仍保不失。

申宮壬水，解丙火之炎，申運會元（考得狀元）

才	庚	子	官
財	辛	巳	比
	丙	寅	卩
比	丙	申	才

大運

壬	癸	甲	乙	丙	丁
午	未	申	酉	戌	亥

丙火生於巳月，支下申子遙合化水，天干丙辛又命化成水，水之力由弱轉強，本身亦不弱，日元得令於巳火，自坐寅木，火之長生，天干丙火又透，基本上是旺弱平均之命，天干透正偏財星，申運得根，合原局巳化水，官星得用，財官印通，於是高中。

五月丙火，得壬高透，方為上命。或一壬無庚，亦主貢監，猶防戊己出干，丁壬化合，則為平人。即不透庚壬，或有申宮長生之水，濟之坐祿之金，至妙，必入詞林。又怕戊己雜亂，則為異路。

或成火局，不見滴水者，乃僧道鰥獨之命。即有一二癸水，多遇火土，用之無力，瞽目之人。得戊己透洩火氣，亦主刑剋孤寡，行北運多凶，何也？所謂燥烈水激反凶！或成炎上格，柱運不見庚辛，多見甲乙者，反主大富貴，然亦不可見水運。或有庚癸透者，衣祿充足。支火輕，無目疾。支見水者，異途。或成土局，又為洩太過，得壬滋甲出干，土被制而火得生扶，此必富貴壽考之格也。

此命水土破格，難作炎上，取壬水庚金，亦主貴

才	庚	寅	卩
殺	壬	午	劫
	丙	戌	食
傷	己	亥	殺

大運

癸	甲	乙	丙	丁	戊
未	申	酉	戌	亥	子

丙火生夏天午火月，再合地支寅戌，成三合火局，由日主透出，身旺命，支下亥水，干透庚金生壬水，可謂才殺有力之命，正格論命，不取專旺。

本命大運行印比木火透干之運，蓋頭截腳，本不得志，但乙酉運乙合原局

庚才成化，支下酉金又生原局七殺，年少亦有威望，名利雙收之運，但丙戌運至，化成烈火合入局，才殺均無力虛浮，幸命中仍透一己土傷官，日元得以洩秀，尚有發揮餘地，但丁亥運入原局雙雙化成木印來剋制己土，事業暗淡不明矣。

土晦無光，奴僕

傷		食	食
己	丙	戊	戊
丑	午	午	戌
傷	劫	劫	食

大運

甲	癸	壬	辛	庚	己
子	亥	戌	酉	申	未

丙火生午月，為奴僕下人，本命無庚無壬，金水全無，火炎土燥，看其支下午戌雙合，火旺身強之命，身旺有土洩身，天干三土齊透，如以正五行本命，是身旺能吐秀之命，何以不能收食傷之優勢？且看其大運是怎樣走。

本命先行己未，午未化雙火局，火生土，隨後又行庚申，辛酉，財星入命局火土金順生，理應發富，再行官殺運，身旺官殺水何止無根，支下更受火局之熬乾，癸亥又雙合戊土化火，中壯年是真正欠佳的運。

當然，按窮通寶鑑一書之宗旨，是以調候為先，火燥無金生水，便成壞命，即使是行甚麼運都會不好，若如此說，便難有準則了。

火土混雜，取甲木制土，壬水制火，楊縣令

才	戊	申	比
比	戊	午	比
	丙	辰	財
劫	甲	午	印

大運

己	庚	辛	壬	癸	甲
未	申	酉	戌	亥	子

丙火生午月，八字全局土重，天干有雙戊土透出，支下雙午生辰土，土生申金，但日主得木火生助之力始終較重，身略旺之命。

本命的大運，與前命一樣，先行傷官，再行財才，都是好運在前，及至壬戌，癸亥運，官殺入命，壬癸水得原局申金作為長生之水，獲縣令官職，癸運卻因貪合原局雙戊，而化火忘水，貪劫忘官，恐有貪贓枉法之弊。

六月丙火退氣，三伏生寒，壬水為用，取庚輔佐。庚壬兩透，貼身相生，可云科甲名宦。若無庚有壬，不見戊出，小富小貴。見戊制壬，則為鄉賢而已。或己土出干混雜，此必庸夫俗子。或壬水淺，己土出干，其人貧困。無壬下格，賤而且頑，男女一理。或天干一派丙火，陽極生陰，干支兩見庚壬，登科及第。總之六月丙火用壬，不同餘月用壬，喜運行西北，六月用壬，喜運行西南。

名火土傷官用印格，先貧後富，死於寅運

食	戊午	才
食	己未	劫
	丙戌	食
卩	己亥	劫

大運

庚	辛	壬	癸	甲	乙
申	酉	戌	亥	子	丑

丙火生未月，支下年與月日合化成火，從日元透出，天干三土，受火之所生，時支得一亥水，藏而不露，命中閒神而已，本命之旺弱平均中和，略弱而喜生助。

大運早行庚申，辛酉，身弱財才耗散，早年家貧，原文說火土傷官是對的，但用印便要注意，因原局無木印，要行運補干，方能得用，癸運官星入命合原局戊化火，得以幫身得用而小康可許，甲子運本喜，惜甲入原局與二己合化成土，子水坐下不透，官不顯，要到乙運方得生助力，丙運是丙火得長生，本應壯旺，但丙火始終被天干三土所洩，於樂境之中而逝，亦無得失矣。

土重身輕，為乞丐而死

殺	壬	寅	卩
劫	丁	未	傷
	丙	申	才
食	戊	戌	食

大運

戊申　己酉　庚戌　辛亥　壬子　癸丑

丙火生於未土月，土重是事實，未土月令當旺，時柱戊戌土連根，食傷當權之局，但見天干丁壬化木，年支寅木亦幫身敵洩，如行得木運，必有所作為，行金是為大忌，何解？且看日支申金，忌神暗見，因火來被土洩去生金，元神即被異黨所盜洩盡。

大運早行戊申，己酉運，可謂土金連環，怎能不困窮？飽嘗人間疾苦，首運戊申與原局年柱天剋地沖，一出生便已風雨飄搖，無家無托且無根之象，再行下去都是金和土，了無生機，原文判本命為乞丐而亡，應在己酉運入局化西方會成金局間，此運可謂貧無立錐，很易餓死，即使捱得過辛酉，庚戌亦是同一去路。

三秋丙火

七月丙火，太陽轉西，陽氣衰矣。日近西山，見土皆晦，惟日照湖海，暮夜光天，故仍用壬水，輔映光輝。如壬多，取戊制方妙。有壬透干，又見戊土出干，可云科甲。如戊藏支內，不過生員。多壬無戊，平常人也。或戊多壬少，亦屬常人。或多壬，一戊出制，所謂衆殺猖狂，一仁可化，必主顯達，有權職。一派辛金，又為棄命從才，奇特之造，雖不科甲，亦得恩榮，但多依親戚而為進身之階。從才者以水妻木子。

二壬出干，有戊出制，太史

殺	食		殺
壬	戊	丙	壬
戌	申	申	辰
食	才	才	食

大運

甲	癸	壬	辛	庚	己
寅	丑	子	亥	戌	酉

丙火生申月，火生秋月氣已過，調候法仍以壬水為先，以本命計，申月申日，支下辰戌土生金，金又生起天干雙壬，兩組長生之水，八字天干連氣，根氣深，全局皆異黨，無半點木火，故入真從勢格，命格甚高。

從格之命者，喜走異黨剋洩運，且看其大運，一路土金水干支連氣，傷官財才及官殺運，全為命局所喜。

本命為太史，故其必有祖蔭根基，看初運己酉便知，己土傷官，出身貴顯之家族，支下更與原局成雙三會申酉戌金財局，可謂根厚財足，及後一路土金得位，至壬子更是應期，七殺坐強根子水入局，即成雙三合申子辰水局，上透原局雙壬水，官位大升之運。

才資七殺格，參政

印	乙	未	傷
卩	甲	申	才
	丙	申	才
才	庚	寅	卩

大運

癸	壬	辛	庚	己	戊
未	午	巳	辰	卯	寅

丙火生於申月，干透甲乙木，支下時柱庚寅與日柱天剋地沖，木力不及金強，身弱喜水生木，以解金木之剋，轉而生印以生身。

本命如屬身弱，早行癸未，壬午，官殺生印，生在官宦之家，幼承庭訓，讀書必有所成，根基雄厚，辛運辛合日主丙，巳合雙申化水，仍然是殺印相生之勢，少壯得運得勢，但到庚辰運，身弱行土金，日元弱而不利士途，要到卯運卯未化木，又東山再起。

八月丙火，日近黃昏，丙火之餘光，存於光湖，仍用壬水輔映。四柱多丙，一壬高透為奇，定主登科及第。富貴雙全。一壬藏支，亦主秀才。或戊多困水則假作斯文。若無壬水，癸亦可用，但功名不久。或見辛透，不能從化，貧苦到老。或見一丁制辛，為人奸詐，不識高低。女命合此，長舌淫賤。或成金局，無辛出干，此非從才，乃朱門餓莩。如辛出干，不見比劫，此從才格，反主富貴，親戚提拔，妻賢內助。用水者，金妻水子。從才者，水妻木子。

兩間不雜，才資七殺格，出將入相，生子時，不貴

比	丙	子	官
劫	丁	酉	財
	丙	午	劫
劫	丁	酉	財

大運

戊	己	庚	辛	壬	癸
戌	亥	子	丑	寅	卯

丙火生於酉月，火雖天透地藏，但不及地支雙酉和子水之力，要訣是三個

地支的力量，可以否定其餘干支，更何況酉金是月令，但看其大運一路都土金水、食傷財才，前半生是沒運可行的，及至壬寅運，大約四十七歲得大應期，壬水入原局與兩丁化合成木，坐根之寅木入局則合午化火，全局變得木火通明，相信十年黃金大運，出將入相，就是這段時期了，往後是癸卯，與原局年時天剋地沖，更加形成了兩組地支的四正對沖，必有重大沖擊之事。其特別提到，生於子時便不貴，但卻未有解釋，故無從作解。

兩間不雜，位至尚書

時	日	月	年
劫		劫	比
丁	丙	丁	丙
酉	辰	酉	寅
財	食	財	卩

大運

戊	己	庚	辛	壬	癸
戌	亥	子	丑	寅	卯

丙火生酉月，此又為兩間不雜命，即月時同樣的干支，但這與正五行旺弱批命法，並無多大關係，只有視覺上有所差別，感覺齊整而已，在計算上依然會以客觀分析，就如此命，支下酉金兩見，有辰土合住不化，力量減弱，故天干三火，支下一寅，便成身旺命。

看本命早行戊戌，己亥吐秀，生於書香世家，生活無憂，再行庚子，讀書有成，辛丑運支下雙合化財星，但壬寅運壬水雙合天干丁火，寅木坐根，運轉差矣。

傷官生才格，參戎，但陰刑殺重，卯運陣亡

傷	官		食
己卯	癸酉	丙子	戊子
印	財	官	官

大運

壬	辛	庚	己	戊	丁
申	未	午	巳	辰	卯

丙火生酉月，八字異黨重重，只支藏一個卯木，入假從勢格命，本命得兩個子水，年月兩柱天剋地沖，印星為忌，怕其沖月堤酉金，以此為患。

本命干透食傷官皆為喜用，尤其是官星在支下有強根，雙子水旺官星，又得酉金月令，大運一路土火土金，才傷食，都是異黨，但在庚午運中，填實了子午卯酉，成四正對沖，必生險難，但庚才喜透有土舒緩，其後戊辰運，子辰雙化水有為官局，天干戊癸合而不化，從戎得運有位置，丁卯運沖堤，卯木忌神犯月令，天干官星失守，身陷險地而亡。

九月丙火，火氣愈退，所忌土晦光火，必須先用甲木，次取壬水。甲壬兩透，富貴非凡。若無壬水，得癸透干，亦可，雖不科甲，異路功名。壬癸藏支，貢監而已。甲藏壬透，無庚破甲，可許秀才。

或庚戊困了水木，定是庸才。無甲壬癸者，下格。或一派火土，雖不太旺，亦自燥矣。如不離鄉過繼，亦主奔流，加以無庚辛壬癸出干，必為夭命。或支成火局，炎上失時，若運入南方，一貧澈骨。用甲者，水妻木子。用壬者金妻水子。

甲出天干，又逢生地，孝廉

傷	己	亥	殺
卩	甲	戌	食
	丙	子	官
食	戊	子	官

大運

癸	壬	辛	庚	己	戊
酉	申	未	午	巳	辰

丙火生戌月，天干甲己合化成土，又見戊土，支下也是三水，可謂剋洩交雜，見一甲木都被己土所合化成土，故從勢格成，格局頗高，本命行運一路都是金水連環，官殺財才傷運，尤以早年壬申，壬水自坐長生，入原局再申子雙合化水，家族頗大，官宦世家居多。

兩間不雜，支成火局，喜用壬水，先貧後富

時	日	月	年
食		食	比
戊	丙	戊	丙
戌	午	戌	申
食	劫	食	才

大運

甲	癸	壬	辛	庚	己
辰	卯	寅	丑	子	亥

丙日戌月生人，支下午戌雙合火局，上透丙火出天干，其旺可知，雙戊土透干，身旺有洩，秀氣流通之命，大運走的是土金水，傷才財殺官，異黨之財官喜用運，己亥，庚子運出身不差，至壬寅運，壬水坐下寅午戌兩組三合火局，而壬水入原局犯回剋，理應惹禍，癸卯更差，癸和卯入原局，戊癸戊和卯戌雙合化火，劫財當道，理應相反，先富後貧才合此命。

富大貴小，因甲藏壬透故也

時	日	月	年
殺		殺	食
壬	丙	壬	戊
辰	寅	戌	戌
食	卩	食	食

大運

戊	丁	丙	乙	甲	癸
辰	卯	寅	丑	子	亥

丙火生戌月，土重，見支下三土，年透戊土，身弱復見雙壬水，日主丙火

自寅木而得長生，不能入假從格命，以正格論命，身弱極，急以木火為用，扶持日主。

喜見大運早行甲子，乙丑，印星透干為用，入天干而得水生，故得長輩司長扶持有力，努力學習，讀書有成，至丙寅運，身弱得到大幫扶，應期生，主要是支下寅木入原局加深長生之力，丙火比肩強大，病重得良藥，小富可許，丁卯運入原局合壬水成雙化木，支下卯木又合二戌成化變火，運勢保持，只是原局不見財星，運亦沒有，只能小富，且富而不貴。

三冬丙火

十月丙火，太陽失令，得見甲戊庚出干，可云科甲，主為人性好清高，斯文領袖。如辛透見辰，名化合逢時，主大貴。或壬多無甲，乃作棄命從殺，即不科甲，亦是宦僚。或壬多有甲無戊，卻非從殺，宜用己土混壬。

總之十月丙火，木旺宜庚，水旺宜戊，火旺用壬，隨宜酌用可也。

庚甲兩透，廉使

時	日	月	年
才		印	卩
庚	丙	乙	甲
寅	戌	亥	申
卩	食	殺	才

大運

丙	丁	戊	己	庚	辛
子	丑	寅	卯	辰	巳

丙火生於亥月，庚金透出，地支土金水，而寅木為根，甲乙木透干，八字平衡，五行中和而齊備，身略弱，故印星得以為用，早行比劫火運家境不錯，再行戊己土，亦能順生財星，但大運一直都是蓋頭截腳，運程帶點反覆，及至庚辰運，庚金偏才入局與本命配合，但又與日柱天剋地沖，仍然在感情上帶點動盪不安。

此命水多，取己土，大富貴，亦壽考

時	日	月	年
殺		傷	財
壬	丙	己	辛
辰	子	亥	巳
食	官	殺	比

大運

戊	丁	丙	乙	甲	癸
戌	酉	申	未	午	巳

丙火生於亥月，原文批此命大富貴，且看看其有何特別之處，命中支下子

辰化水，時干透壬，七殺偏旺，整體八字傷財官殺並見，比星巳火受沖無力，故入從勢格命。

大運早行食神戊戌，生起原局財星，主家業豐厚，根基良好，本身亦聰明智巧，丙申運與原局天地引化下，財星辛金作合化水，自坐申金入局亦與巳火化成水，最妙是徹底化去巳火忌神，命局更高，故而少年得志無疑，往後甲午運甲己合土，午火入局引起水火相敵，此運多見艱辛，但到了晚運行壬辰，卻出應期，壬水旺起命中七殺，支下又得子辰入命化水局，老來威望更盛。

孝廉

殺	壬	辰	食
財	辛	亥	殺
	丙	戌	食
食	戊	子	官

大運

壬	癸	甲	乙	丙	丁
子	丑	寅	卯	辰	巳

丙火生於亥月，本命干支全為異黨，剋洩交加，弱極而從，是真從勢格，見支下子辰化水合月令亥水之力，透干見壬，七殺強盛，天干更有財生殺，又見戊土食神生財，故此命如順行異黨運，即能大富大貴，建立豐功偉蹟。

且看其大運，早行壬子，癸丑，官殺星得地，必生於有強大背景之家族，規管頗嚴格，早運已顯，但少壯卻行甲寅，乙卯，其忌神之運，恐成破局之危，要到丙辰運入局作子辰化水，官運才能有所轉機，但丁巳一至，又會打回原形，只因丁壬化木，巳火沖堤之故。

財才	才		布政
辛	庚	丙	庚
亥	子	寅	寅
殺	官	卩	卩

大運

甲	乙	丙	丁	戊	己
午	未	申	酉	戌	亥

十一月丙火，冬至一陽生，弱中復强，壬水為最，戊土佐之。壬戊兩透，科甲可許，無戊見己，異路功名。或無壬水，有癸出干得金滋無傷，又有丙透以解凍，可許衣衿。

或一派壬，則耑用戊土，此人雖不成名，文章邁衆，但名利虛浮。何也？因戊晦光，又須甲木為葯也。或無壬水，癸亦可用，但不甚顯。

或四柱多壬無甲，乃作棄命從殺，亦有云路。

或水多、有甲、無戊，卻非從殺，宜用己土濁壬，十一月丙火，與十月頗同。

丙火生子月，支下水木相生，但不透干，天干透三金，故而身弱命，要靠歲運有木來補干可得佳運。本命早行傷食，出身寒微，復行丁酉，丙申，乙未運，雖得比劫幫身之力，但支下無配合之力，始終浮沉。

丙癸見干，小富貴

財	辛	丑	傷
才	庚	子	官
	丙	子	官
官	癸	巳	比

大運

甲乙丙丁戊己
午未申酉戌亥

丙火生於子月，異黨眾多，一火難敵，入假從勢格，行運見食傷財才官殺而發，大運早年己亥，戊戌，食傷為喜，生原局正偏財星，故家中富有，再行丁酉，丙申運，已有家道中落之象，乙未運，乙庚合住，未土尚好，但年沖始終不穩定，再行甲午入原局沖提，引起子午月日雙沖，因假從命遇沖提運，如無合則易生不測。

金寒水凍，戊晦丙光，貧而且夭

財	辛	酉	財
才	庚	子	官
	丙	戌	食
食	戊	子	官

大運

己	戊	丁	丙	乙	甲
亥	戌	酉	申	未	午

丙火生子月，巽黨當道佔全局，屬從勢格無疑，見雙子水但不透干，反而年柱庚辛金，地支見酉金，財星甚強，行財運即能大富大貴，從而生官，但本命之行運卻愈行愈逆其從格之氣。

大運早年行己亥，戊戌，強土生金，食傷生財才，應屬家底不錯之人，但運至丁酉，劫財一至，家道中落，如若不太早夭亡的話，入得丙申運，丙辛化水，申子雙化水，同時申酉戌會西方金財局，便可入官場大展拳腳了。

十二月丙火，氣進二陽，侮雪欺霜，喜壬為用。己土司令，土多又不可少甲。壬甲兩透，科甲堪宜，甲藏則秀才而已。或無甲得一壬透，富中取貴。如見一派己土，不見甲乙，名為假傷官，聰明性傲，名利虛浮。或一派癸水，得己出干，必自主創業。若制伏太過，又取辛金作用。得見癸透。此人即不成名，必清雅文墨士。

總河（清初稱河道總督）

官	癸	卯	印
印	乙	丑	傷
	丙	午	劫
殺	壬	辰	食

大運

甲子 癸亥 壬戌 辛酉 庚申 己未

丙火生丑月，支下有卯午自黨之生助，干透一乙木，但不足以抗衡異黨丑辰土，和壬癸水之力，八字身弱，用木火幫身，大運早行甲子，偏印坐官星，水木相生日主，幼成庭訓，品學兼優，少年行癸亥水官星生印運，學業有成，早有長輩及司長扶搖之力，再行壬戌運，亦是七殺生印，殺印相生，支下午戌化火，日元健旺，故掌管河道，擔任總督一職。至於及後辛酉和庚申強金連根之運，似有大礙，但財星雖強，入原局即生官生印，再而生身，雖然辛勞，但守住本位，是位可敬的清官。

二甲制土，按察

傷	己	丑	傷
劫	丁	丑	傷
	丙	寅	卩
才	庚	寅	卩

大運

丙子 乙亥 甲戌 癸酉 壬申 辛未

丙火生於丑月，支下雙丑雙寅，土受木剋，看干上透己土傷官，土為月令，不受寅木之制，身弱見丁火出干而喜，但怕土來洩火，減弱助力，喜行木火印比之運。

大運喜得丙子作為首運，出身好，積極努力早年見，因丙火比肩幫身，但地支子水合原局二丑化土，削弱助力，再行乙亥時，乙庚合化成金，支下亥水合住二寅不化，運道停滯不前，及後行癸水官星運漸見開通，壬申運支下有長生之水，丁壬化木，水木相生，故有官職隨身。

木神得祿制土運，狀元

印	乙	酉	財
傷	己	丑	傷
	丙	寅	卩
傷	己	丑	傷

大運

戊	丁	丙	乙	甲	癸
子	亥	戌	酉	申	未

丙火生丑月，月時兩柱同為己丑，土強連根，身弱命，以命中寅木為根，干透乙木為用，制土幫身，扭轉局勢。

大運配合下，早年戊土食神坐子水正官，艱辛苦讀，但早懷大志，再行丁亥，丁火坐下亥水入原局，合寅化木，木火通明，文明之景象，故學業優異，一支獨秀，後面的運是正印和偏印，入局成傷官配印，秀氣文才均顯，只是支下申酉財截腳，命中無水作疏道和轉生印星，略見官場失利。

用辛得金局，白手成家

	年	月	日	時
	印	傷		官
	乙	己	丙	癸
	巳	丑	申	巳
	比	傷	才	比

大運

戊	丁	丙	乙	甲	癸
子	亥	戌	酉	申	未

丙火生於丑土月，支下巳火兩見，生旺月令土而出天干，干上己土甚強，傷官有力，故身略弱，得支下巳火作根，乙木正印星透，癸水官星配命，成官印相生，傷官配印之格局，木火歲運，即運是起之時。

看大運早年戊子，干支入原局一同合而不化，早運不顯，少年行丁亥運，丁火來助日主，亥水補根，可惜入原局即起雙沖，積極努力，發奮圖強，但生時多變而不定，入丙戌，生活再進一步，小康可許，乙酉運，乙木正印入局，官印相生，做小生意可得安穩，支下酉金合原局巳丑雙不化，多合者以人緣事務維生居多，這本屬一個平穩之命，五行相互呼應，故而無甚大的起落。

用甲制己，又庚制甲，拾芥（平庸者）而已

印	乙丑	傷
傷	己丑	傷
	丙午	劫
才	庚寅	卩

大運

癸甲乙丙丁戊
未申酉戌亥子

丙日丑月生人，支下二丑土，透干有己土，木火生土，土生庚，土旺身略弱，寅午合火，乙木生助，行木火幫身之運，便得安穩。見本命大運，早行戊子，家景清貧，學歷不高，丁亥運有丁火幫身，支下亥合寅化木，正印木來生火，少年運好，聰明俊朗，丙戌運午戌化火，家中有產業，富二代居多，及後行印運坐財，都不差，只是酉來截腳，發揮不大而已。

三春丁火

正月丁火，甲木當權，乃為母旺，非庚不能劈甲，何以引丁，姑用庚金。

或一派甲木，無庚制之，非貧即夭。或只一甲木，多見乙木者，必離鄉之客，焉問妻兒。或見甲乙，生庚子時，又主妻早子早，且可採芹。得壬化木，弱極復生，合此必主大貴，但此化合，反以不見庚破格為妙。或有庚金壬癸，得己土出干制之，此命不由科甲，亦有異途。或一派壬癸，不得寅時，又無庚金，必主窮困。或丁年、壬月、丁日、壬時，男主大貴；女則不宜。此格以土為妻、金為子。但子女艱難。女命合此，淫賤，刑夫剋子。或支火局，無滴水解，僧道之命。見甲出略可。總不可無水。水多亦不宜。

庠生（秀才），酉運終

財	庚	辰	傷
傷	戊	寅	印
	丁	未	食
官	壬	寅	印

大運

己	庚	辛	壬	癸	甲
卯	辰	巳	午	未	申

丁火生於寅月，天丁壬化木，支下有二寅木，身旺之命，天干透戊傷庚財，喜行傷官生財運，大運一路食財才官殺，初運己卯，寅卯辰兩組東方會木局，天干己土本好，但坐下剋力強，早年吉中藏凶，多數體弱多病，有土來洩，卻無大礙，庚辛二運，少年頗有文才，得秀才之名，及後壬午，癸未，都

是蓋頭截腳之運，好壞參半，但行官運原局天干有傷官生財，做個小主管應無問題。

女命・貧賤

才	辛	卯	卩
財	庚	寅	印
	丁	酉	才
殺	癸	卯	卩

大運

辛	壬	癸	甲	乙	丙
卯	辰	巳	午	未	申

丁火生於寅月，支下三木寅卯卯，夾洩日支酉金，是妻宮不力之象，其身旺透庚辛金，金生癸水，要行食傷財才運方好。

大運只見初運辛卯才，但為支下卯木入原局截腳，沖酉才，主初年家運多起落，壬運入原局，丁壬合化成木，支下辰更合寅卯會木局，身旺無依之象，及後行甲午，乙未，都是木旺印星之運，難以扭轉貧賤。

二月丁火，溼乙傷丁，先庚後甲，非庚不能去乙，非甲不能引丁。庚甲兩透，科甲定然。庚透甲藏，亦有生貢。甲透庚藏，異路功名。

或庚乙俱透，庚必輸情於乙，未免貪合，運行金水，一貧澈骨。或庚透乙藏，則不能貪合，乙反引丁，即用乙亦無害，運入木火之鄉，自然富貴。用乙者，水妻木子。若儘是乙木，不見一甲，此人富貴不久，因貪致禍，弄巧反拙。且不能承受先人之業。或支成木局，有庚透、主清貴。不見庚者、常人。二月乙木司權，必須有庚，有乙無庚，主貧苦無依。用庚者、土妻金子。得印旺殺高，大富大貴。或一派水，無一戊制，主貧苦無依。或乙少癸多，有戊出制，反吉。用土者、火妻土子。

用巳中之庚制木，位至尚書

傷	戊	子	殺
卩	乙	卯	卩
	丁	巳	劫
比	丁	未	食

大運

丙	丁	戊	己	庚	辛
辰	巳	午	未	申	酉

丁火生卯月，支下卯未化木，日主坐巳火，透丁火、透乙木，木火皆坐根生旺，身旺明矣，年柱傷官受乙木所制約，待補火土而生起吐秀之功時，其運即起。

且看大運，先行丙丁火，身旺行火自然於家貧，基礎欠缺，一到戊午，己未，即生戊土，吐秀而氣得以疏通，才華出眾，受人讚賞，腦筋靈活，讀書有成，再走庚申，辛酉，身旺得財才連環根坐，生起流年官星，後運壬戌，合二壬化木，支戌合卯木又化火，忌神當道，官場風波惡，恐遭政治仇敵所陷。

鼎甲（三甲總稱、狀元、榜眼、探花）

比	殺		財
丁	癸	丁	庚
卯	卯	卯	子
卩	卩	卩	殺

大運

壬	辛	庚	己	戊	丁
寅	丑	子	亥	戌	酉

丁火生於卯月，特別之處是，地支年月日三卯並列，丁火三連氣，這化表火旺度倍加，天干再見有丁火，三木生火，身旺命，癸子水都有七殺庚金生，此命須行財才、食傷、土金相生，方能有用。

看大運早行辛丑，庚子，金運帶來他生於豪門，財生旺殺，主家有威望，及後再行己亥運，己土依然有利士途發展而取得功名，尤其是地支的亥水與原局三卯合住，制住了三個忌神，令天干得到好發揮，但運至戊戌將一敗塗地，因與原局天干地支化成火，劫去命中正財，故財破身敗居多。

尚書

才	庚	辰	比
比	己	卯	比
	丁	丑	財
劫	甲	辰	印

大運

乙甲癸壬辛庚
酉申未午巳辰

丁火生於卯月，地支三土，二辰一丑，天干透己土，身旺轉弱矣，但月令卯木之氣上透天干甲木，正印根基良好，扶持日主有力，運得水木火都主大有發揮。

本命身弱見天運早行財星運，故家無財力，苦未得志，但巳運已有火之根，內在強化，待運而起，壬午運一至，壬水入原局與日主丁壬化木，印星生助力，支下午火有力支持，印比相生，一路扶搖直上，再行癸未運，癸水七殺坐下未土入原局，與卯木化木為強根，事業更上一層樓，當權當運矣。

三月丁火，戊土司令，洩弱丁氣，先用甲木引丁制土，次看庚金。庚甲兩透，定主科甲。或一藏一透，終非白丁。

或支成木局，取庚為先。得庚透，丁癸不透，亦有異路功名。或支成水局，加以壬透，名殺重身輕，必夭折天年。或遭凶死。或戊己兩透，廊廟之客。若一甲破，定是常人。用甲者，水妻木子。用金者，土妻金子。

三夏丁火

四月丁火乘旺，雖取甲引丁，必用庚劈甲。伐甲、方云木火通明。甲多、又取庚為先。但四柱忌見癸水。癸水一見，洩金、溼甲、傷丁，故以癸為病。或癸水藏支，壬水出干制丙，不奪丁光，自是雁塔題名，玉堂清貴。

或有庚無甲，戊透天干，此為傷官生才，又取戊為用，必主富貴。戊土出干，不見甲乙，又不見水，是傷官傷盡。八字清高，但不大貴，亦不大富。見水多木多，定是常人。或四柱多丙，不見壬癸，奪了丁光，此人貧苦。或丁年、巳月、丁巳日、丙午時，一丙不奪二丁，即不顯達，亦名播四鄰。故書曰：丁火陰柔一燭燈，太陽相見奪光明；柱中若見甲木透，定許身安福自臨。

詞林

印		食	財
乙	丁	己	甲
巳	丑	巳	午
傷	食	卩	傷

大運

乙甲癸壬辛庚
亥戌酉申未午

丁火生於巳火月，支下又見巳午火，三氣自旺，無如天干甲己合土得以引化，身旺得土疏通洩秀，得食傷財才都有所作為，看大運先走財才，庚辛運，但支下午未火，蓋頭截腳，家中小康而已，到了壬申運，官星坐下得水之長生有力，申入原局與二巳合，惜壬水得化成水，官星得根，官印相生，士途有機，癸酉運，癸水七殺入局，支下與原局之雙捧局成化，捧成雙三合水局，加官進爵，得時得地十年黃金大運，甲戌運甲合入原局，與己化土，更大利事業發展。

此火長夏天金疊格，侍郎

印	辛	酉	比
食	癸	巳	劫
	丁	巳	食
卩	乙	巳	劫

大運

壬	辛	庚	己	戊	丁
辰	卯	寅	丑	子	亥

丁火生於巳火月，支下月日時成三巳火，三連氣，火本來甚旺，但年支酉金與三巳作合，化成強金，更通過天干辛金透出，身強轉弱，但因命中三火一木，火為月令，更不能入從格，乙木偏印透干，如火重不許月令與酉金作化，

則局勢又會扭轉，又由弱轉旺了。故本命仍作身旺以偏才為用，七殺為喜。

大運早行才財，辛卯，庚寅，蓋頭截腳，好壞參半，但家境尚算不錯，能生起原局才殺，少年即有所作為，本命官居二品，是朝中大臣，及至己丑運，身旺行食神制殺運，主為朝廷猛將，現今則為跨國公司的ceo，戊子運傷官生才，仍能保持佳境。

此命文中指為火長夏日金疊疊之命格，是為財富豐厚的命，細看其大運，壬申是官星坐正財，癸酉則七殺坐偏才，都屬財官雙美，只是原局和大運都沒有透干，估計財來並不算多，況且其金夾雜著巳火三連主氣，故非此格。

五月丁火，時歸建祿，不宜亂用甲木。遇年透隔位之壬，不貪丁合者，忠而且厚。或支成火局，干見火出，得庚壬兩透者，科甲定然。土透制壬，常人。即壬藏支中，亦非白丁，但要運行西北，方可發達。得一癸透，名獨殺當權，出人頭地。若見寅辰亥卯字，化木生火，平常人物，豐衣足食，中年富，但刑子息，勞而無功。或丙午月、丁未日、辛亥時，亥中有壬制丙，不致貧苦。若丙午時，則滴水難救炎火，必主僧道。若年支見子，雖不科甲，亦有衣衿。若干支無火局，有水透干，須用甲木，又要庚劈甲方明。木火通明，主大富貴。或木少火多，焚其木性，不能光透九霄，榮華不久。或生月是祿，支皆生旺合局，加以火出，無滴水解炎，乃身旺無依，孤貧之格。女必為尼。即運北地，反主凶危。用壬者，金妻水子。用甲者，水妻木子。

此建祿會祿，化合不成，大富壽長

財	庚	午	比
官	壬	午	比
	丁	亥	官
傷	戊	申	財

大運

癸	甲	乙	丙	丁	戊
未	申	酉	戌	亥	子

丁火生於午月，八字支下雙午火旺，天干透財官，財有申在地支作根，八字中和，旺弱平均，身略弱。

大運行甲申，乙酉，印星早得助力，支下申財坐根，入原局天干助起庚金正財，生起正官，官印相生，早年讀書有成，得長輩貴人有力扶持，其後丙戌運，入原局合二午火成化，丙火再透天干，身強財官得用，壯年發富之命。

此建祿格，位至總兵

印　印才
甲丁甲辛
辰未午巳
傷食比劫

大運

戊己庚辛壬癸
子丑寅卯辰巳

丁火生於午月，支下巳午未三會南方火局，火旺極，無如天干雙甲透出生旺日丁火，身旺已極，但不能從，反以正格，以時支辰土傷官為根，生天干辛金偏才，制甲木而得用。

大運是癸壬辛庚己戊，官殺才財食傷，一路順得喜用，早年艱辛苦讀，自小立志，根基深種，至己丑運，食神干支連根入局，生起命中用神偏才星，應期即至，位至總兵。

月甲引丁，位至尚書

印　傷殺
甲丁戊癸
辰丑午卯
傷食比卩

大運

壬癸甲乙丙丁
子丑寅卯辰巳

丁火生於午月，天干戊癸合而化火，卯木生火，此命木火強盛，氣聚一方，但甲支下兩個異黨辰丑而不能輕從，未能入從格之命，而且木火生土，故命主身旺用食傷吐秀，生財為喜。

但觀此命之大運一路是自黨木火大運，與喜用相違背，乙卯，甲寅，更是破敗運之應期，豈有發福之理，因此必須正視其生時是否有誤，若是遲一個時辰便為乙巳時，如此即順理成章能專旺格命：

才　癸　卯　比
比　戊　午　比
　　丁　丑　財
劫　乙　巳　印

本命因時辰不同，時柱乙巳木火相生，全局只剩一個丑土，便可入假專旺格，大運乙卯，甲寅便屬於發運之應期，得享權貴。

甲透庚得所，富貴極品

劫　丙　寅　印
印　甲　午　比
　　丁　丑　食
卩　乙　巳　劫

大運

乙未　丙申　丁酉　戊戌　己亥　庚子

丁火生午月，地支寅午合火局，時支巳、天干丙，甲乙木再生起全局旺火，入假從勢格，天干喜用同透，大運亦是印比劫木火順行，故少壯便有所成就，到了戊戌運，看似洩氣，其實不然，坐下寅午戌三合火局，出干而旺，傷官反而能略作疏通之氣，故不凝火之力量，故而富貴雙全。

殺印相生，大貴，己運盡節

劫	丙	子	殺
印	甲	午	比
	丁	酉	才
殺	癸	卯	卩

大運

乙	丙	丁	戊	己	庚
未	申	酉	戌	亥	子

丁火生於午月，地支子午卯酉四正對沖，日時兩柱天剋地沖，一生奔波無定，起落多，變幻亦多之命。

天干透一丙火，支下一卯木，得兩個印星生旺，順理成章為身旺命，但行運一路是印比，支下卻行西方，干忌支卻喜，都是不得志之運，而其人亦是個獨特的人物，「十奏嚴嵩」的事蹟更是深入民心，就以身旺行戊戌運來說，本來有吐秀之功，無如戊癸化火，支下午戌又化火成局，剋傷用神，應期即至，惡根早種，傷官合殺反被劫攻身。

六月之丁，陰柔退氣，但值三伏生寒，丁弱極矣，專取甲木，壬水次之。若得甲出天干，支成木局，見亥中之壬，為木神有根，接引丁火，必然科甲。即不見木局，支見壬水，雖不大貴，亦有凌雲之氣，無庚不妙。或支成水局，見水透干，則溼木性，不能引丁，必為平人，有甲透、亦有才幹。有庚透、方無刑傷。若無甲木，假名假利，雖能生財，固執懦夫。或年月日時，皆一派丁未之類，此為純陰，終無大用。用甲者，水妻木子。

三秋丁火

三秋丁火，退氣柔弱，耑用甲木，金雖乘旺司權，無傷丁之理，仍取庚劈甲，為引火之物，或借丙暖金曬木，不慮丙奪丁火。凡兩丙夾丁者，夏月忌之，餘月不忌淤。但此格少年困苦刑剋，中年富貴，必要地支見水制丙、方妙。三秋甲庚丙並用，仍分優劣，何也？七月甲丙，申中有庚，八月甲丙庚皆用，七八月或無甲木，乙亦可用，為枯草引燈，卻不離丙曬也。九月耑用甲庚。無甲用乙者，富貴皆小，且富而不貴者多。大抵甲不離庚，乙不離丙，其理極明。或見甲庚丙皆透，必主科甲。或一重壬水，又多見癸水，必以戊土為制，自然富貴光輝。或一派庚金，名財多身弱，主富屋貧人，妻多主事。或壬多洩庚，丁壬化殺，反成富貴。若庚多無壬，奔流下賤。或八月一派辛金，不見庚金，又無比劫，此棄命從財，富而且貴，雖不科甲，亦有異途。從財者水為妻。不剋。有偏正。木為子。不刑。或九月一派戊土，洩丁火之氣，不見甲木，為傷官傷盡，非尋常可比。或甲木透出，為文書清貴，秋闈可奪。用甲者，庚不可少。水妻木子。

大富命

才	辛亥	官
劫	丙申	財
	丁丑	食
傷	戊申	財

大運

乙未　甲午　癸巳　壬辰　辛卯　庚寅

丁火生於申月，天干丙辛化水，支下月時兩個申金生亥水，金水相連，身弱已極，命入從勢格，早運乙未，甲午，皆非順運，故而體弱貧苦，後入癸巳運，癸合戊化火，支下卻合原局二申化水，是為水火互化，人生境遇大變遷，吉中有凶，凶中又有吉，至辛卯運，丙辛化水，偏才化合，支下二申財根生起，故財至富。

庚甲兩全，會元

才 辛亥 官
劫 丙申 財
丁卯 卩
傷 戊申 財

大運
乙未 甲午 癸巳 壬辰 辛卯 庚寅

丁火生申月，支下二申同見，天干丙辛化水，與上命同樣是金生水旺之命，但支下卯偏印獨坐而不能從，因命中有水生之故。

見其大運先行乙未，甲午，木火連環生身，早年氣運順行，健康成長，讀書知禮，至癸巳運，癸與原局戊化火，巳入局雙化水殺，水生木、木生火，得中會元，榜首之材，再行壬辰運，丁壬化木，佳運仍得以延續。

無甲用乙丙，富而不貴

才 辛卯 卩
劫 丙申 財
丁酉 才
劫 丙午 比

大運
乙未 甲午 癸巳 壬辰 辛卯 庚寅

丁火生於申月，天干丙辛化水，支下申酉金生水，但卯午木火坐根，上透丙火，日主作略弱，用木生火為佳。

大運早行乙未，甲午，木火相生，喜得少年行運，家中好環境，得長輩扶持下，快樂健康成長，癸巳運，天干無木，官來成壓力，讀書不成，功名莫問，平運而已，壬辰運，丁入原局與日主合，借辰支得化成木，木火即生起來，旺及天干丙火，因經商而得財發富，辛卯運仍在東方，卯木有根基而無礙。

甲庚丙皆透，位至尚書

財	庚辰	傷
印	甲申	財
	丁未	食
劫	丙午	比

大運

乙	丙	丁	戊	己	庚
酉	戌	亥	子	丑	寅

丁火生申月，支下午未合，干透丙火而得化，助旺日元，申月之金卻受辰土生，上至天干庚金，身較旺而用食傷生財才為命之喜用。

本命之大運，早行乙酉，乙合原局之庚而化金為喜，故出身即已顯貴，是富貴人家居多，少年行丙戌即生火劫，入原局丙火助旺日元，支下亦午戌作火局，少年根基不好運欠佳，再行丁亥，亦屬平常，戊子運洩身而傷官生財，己丑運甲己化土，丑土助旺，故得以發運。

官	食		財
壬	己	丁	庚
午	酉	亥	戌
比	才	官	傷

此命申戌兩時主貴，酉時則不能

大運

庚	辛	壬	癸	甲	乙
戌	亥	子	丑	寅	卯

丁火生於酉月，本命午戌遙合化火，故不能以異黨多而入從格論，見大運先財才，身弱行財而運不起，壬子運官星雖至，但身弱亦難有大作為，至癸丑運丑土合酉化金，仍無運，甲寅運，木有根了，先合亥化木，後合午戌火，支下木火有根，甲印本佳，但出天干卻合住己土，小運身貴而已。

其指若生酉時便不及戌時，所說差矣，應知換上酉金，即午戌不合，命格能從，食神生財，行運便剛好相反，一路順境，主能發富顯貴之命（見例）

才	比		劫
壬	己	丁	己
午	酉	亥	酉
比	比	財	印

從才格，太守

比	丁未	食
食	己酉	才
	丁丑	食
才	辛亥	官

大運

戊申 丁未 丙午 乙巳 甲辰 癸卯

丁火生酉月，酉丑化金，天干透辛金偏才，食神己土透，未土在支成根，身弱命，用丁火，但需補根方好。

大運早行南方火地，丁未，丙午，少年火甚壯旺，才華早見，根基良好，性格積極，自我自律，再行乙巳運，木火相生，士途初見，但甲辰運並無大建樹，因甲己合土，洩身無力之故。

支中火多扶丁，得庚丙透，玉堂清貴無疑（玉堂殿，後世用以指翰林院）

財	庚午	比
劫	丙戌	傷
	丁未	食
官	壬寅	印

大運

丁亥 戊子 己丑 庚寅 辛卯 壬辰

丁火生戌月，支下寅午戌三合火局，上透丙火天干，身旺明矣，干上喜見庚金正財，支下火局生未土，尚能轉生庚金，看大運早行北方水地，生活尚好，少年己丑運，得食神連根，吐秀功成，吉星高照，食傷生財，故而應有發富運，但往後庚寅運，庚金雖為正財入命，但支下寅木，入局三合大火，庚金幸有未土作燥土滋財，乎合玉堂之清貴。

女命，甲丙高透，丁火得祿，大富

食	己	亥	官
印	甲	戌	傷
	丁	卯	卩
劫	丙	午	比

大運

乙	丙	丁	戊	己	庚
亥	子	丑	寅	卯	辰

丁火生戌月，支下卯戌合火，時柱丙午得亥卯合木所生旺，身旺命，喜見天干甲己合土，得到吐秀之功，天干和地支多合，相識滿天下，人緣穿梭，無往而不利。

其大運如何，大運走木火，時運一般，甚至不濟窮困，及至戊土和己土一入運，即生起原局之甲己土，火生土盛，支下寅卯雖合火，但火多亦作生土論，不減好運，再行庚辰運，辰土生金，傷官生正財，經商有道，當來財富。

三冬丁火

三冬丁火微寒，喜用庚甲。甲乃庚之良友。凡用甲木，庚不可少，無庚無甲，何能引丁？難云木火通明，冬丁有甲，不怕水多金多。可稱上格。甲庚兩透，科甲分明。見己則否。己多合甲，則為常人。

或一丙奪丁，必賴支內水救。若有支金髮水之源，官拜烏台有准。全無癸水制丙，無用之徒。或有金無水，貧寒之士。有水無金，又主清高。或時月二壬爭合，取戊破之。有戊稍有富貴。無戊常人。設戊藏得所，不失衣衿。或二丙奪丁，得年干有癸，支下帶合，金水得所，亦必顯達，納粟奏名，必驗。

或仲冬水多癸旺，全無比印，此作棄命從殺，亦有異途功名。見丁比出干，難合格局，常人，且主骨肉浮雲，六親流水。戊出破癸，頗有兄弟妻兒。此格用戊，火妻土子。用甲、水妻木子。

三冬丁火，甲木為尊，庚金佐之，癸戊權宜酌用可也。

從殺格，侍郎

才		殺	殺
辛	丁	癸	癸
亥	亥	亥	亥
官	官	官	官

大運

丁戊己庚辛壬
巳午未申酉戌

丁火生於亥月，冬天剛至，支下四個亥水連氣，一片水流，再出天干見癸，亦為雨露，加上辛金生水，全局入了從格，大運順行異黨之氣，主必無比顯貴。

大運先行壬戌，官星運正合本命，故出生大家庭，多數是官宦之家，管教有道，及後行辛酉，庚申，屬全金之西方大運，財生旺殺，少年出眾，權位已至，再行己未，食神制殺升官之運，戊午運戊癸化火，支下午火，命見水火失調，恐會失位喪權，丁巳沖提，一丁沖二癸，一巳沖四亥，水火相戰，破局之運。

正官格，甲木逢生，庚透壬旺，狀元

卩	乙	卯	卩
比	丁	亥	官
	丁	未	食
財	庚	戌	傷

大運

丙	乙	甲	癸	壬	辛
戌	酉	申	未	午	巳

丁火生亥月，支下亥卯未三合木局，乙木出天干，生旺丁火，日主旺極，身強用庚金正財，卻見丁火比肩，制金為忌，故以戊土為用，補干為應。

大運早年行火木運，但支下卻走西方金地，金氣得上天干，正財庚金能生根，勤學苦修，志氣遠大，但甲木生丁火制庚，成就應不大，癸未，壬午亦是旺印生身，未土合卯化印，不以為喜，功名難有著落，故恐時辰有誤，若改辛亥時，便能入假專旺格，所行大運即配合此運了。

支成木局，水多，必得誥封晉贈

殺	殺		比
癸	癸	丁	丁
丑	亥	丑	未
食	官	食	食

大運

壬戌　辛酉　庚申　己未　戊午　丁巳

丁火生亥月，支下三土夾剋亥水，癸水出干，七殺成雙，天干一丁虛浮無力，入假從勢格，反以七殺制比為用，大運早行壬戌官坐傷，早年運佳，再行辛酉，庚申，金生西方地，家族財雄勢大，旺起命中七殺，功名早見，再行己未運，食傷為喜，加官晉爵，理所當然事，戊午運戊土入局與癸雙化成火，得午火支持下，忌神當道，失運去官矣。

身强殺淺，假殺化權，將軍

財	庚	午	比
食	己	丑	食
	丁	酉	才
印	甲	辰	傷

大運

庚	辛	壬	癸	甲	乙
寅	卯	辰	巳	午	未

丁火生於丑土月，支下酉丑，辰酉合而化金，天干透庚金，得己土七殺生，身弱已定，以午火為根，生起日主，再配以甲印，火才能助，故大運宜行七殺生印，轉而生身。

且看大運先行庚寅，辛卯，財才坐印，少年未能得志，但亦見印星之根生助，再行壬辰，官星合日，化木為喜，支下辰酉合金，根基尚淺，至癸巳運，七殺坐巳火，勇武異常，但仍有反覆，且易犯女色，因巳合酉丑化才為忌之故，甲午運甲己化土，午火在支，入原局助旺日主，殺敵常入險境。

支成木局，年出庚金，甲運登第

財	庚	戌	傷
比	丁	亥	官
	丁	卯	卩
殺	癸	卯	卩

大運

戊	己	庚	辛	壬	癸
子	丑	寅	卯	辰	巳

丁火生於亥月，支下雙卯合亥，但不成化，無木出干引化，早行戊子，己丑，身旺有洩，早年聰明有學識，庚寅運，財星透干，支坐寅木，文中指甲運登第，相信是想說寅木中的主氣甲木，但此木氣有金蓋頭，而原局又無木可引，故不能成立，反而是身旺見財星而得生癸水七殺，故可登第，但根基不足，一時有運而已，其後都是金木相混，故本命成就有限。

地支寒濕，得甲戊兩透，侍郎。

傷	戊子	殺
食	己丑	食
	丁未	食
印	甲辰	傷

大運

庚寅	辛卯	壬辰	癸巳	甲午	乙未

丁火生於丑月，地支多土，丑又合子化土，天干戊土出干，土氣重極，只見甲木虛浮於時干上，木氣亦已洩去，身弱極而入從勢格之命。

大運走勢，一直順其異黨，財才官殺，但運走東方，吉力有限，再入癸巳運時，癸水合局戊土化火，巳火為根，劫財為患，甲午運甲己合土，才略有舒展之機。

官	壬	辰	傷
殺	癸	丑	食
	丁	巳	劫
卩	乙	巳	劫

無甲用丙陋乙，為枯草引燈，有能訟棍

大運

甲	乙	丙	丁	戊	己
寅	卯	辰	巳	午	未

丁火生於丑月，支下兩見巳火，火生丑辰二土，天干壬癸官殺透出，身弱命，喜行幫身運，喜見乙木透干，補根即旺。大運先行甲寅，乙卯，何止補根，木氣連環，得時得用，官印相生，讀書有成，丙辰運有火幫身，仍佳，丁巳運合壬水官星，支下巳火助旺，足智多謀，成為大狀。

才	辛	卯	卩
才	辛	丑	食
	丁	卯	卩
印	甲	辰	傷

柱無庚丙，乙木寒濕，至乙運身死

大運

庚	己	戊	丁	丙	乙
子	亥	戌	酉	申	未

丁火生於丑月，天寒地凍，八字無火生暖，已見生機有缺，再看支下有雙

卯木，甲木出干，木力頗備，但土金之氣更盛，八字須火以幫旺日主方吉。

大運早年行金水土運，大傷元氣，尤其戊戌運，剋沖時柱用神甲木，再重洩日主，到丁丙火運本好，奈何支下申酉截腳，酉沖原局二卯，病弱身衰，丙運合辛化水略有回順，至乙未運時，因沖堤而亡，也等不到甲午運這較吉之木火運了。

論土

五行之土，散冠四維，故金木水火，依而成象，是四時皆有用有忌者。火、死酉也。水、旺子也。蓋土賴火運，火死則土囚。土喜水才，水旺則土虛。土得金火，方成大器。土高無貴，空惹灰塵。土聚則滯，土散則輕。辰戌丑未，壹心正也。分陰分陽，主則不同。辰有伏水；未有匿木，滋養萬物，春夏為功；戌有藏火；丑有隱金。秋火冬金，肅殺萬物。土聚辰未為貴，聚丑戌不為貴。是土愛辰未、而不愛丑戌也明矣。若更五行有氣，人命逢之，田產無比。晚年富貴悠悠。若土太實無水，燥則不和；無木則不疏通；土見火則焦，女命多不生長。土旺四季，帷戌土困弱。戌多為人好鬥，多瞌睡。辰未人好食，丑人清省。丑為艮土，有癸水能潤而膏，人命遇此，主能卓立。

生於春月，其勢虛浮，喜火生扶，惡木太過，忌水氾濫。喜土比助，得金而制木為祥。金太多仍盜土氣。

夏月之土，其勢燥烈，得盛水滋潤成功，忌旺火煆煉焦坼。木助火炎，水克無礙，金生水泛，妻才有益，見比肩蹇滯不通，如太過又宜木克。

秋月之土，子旺母衰，金多而耗盜其氣，木盛須制伏純良，火重重而不厭，水泛泛而不祥，得比肩則能助力，至霜降不比無妨。

冬月之土，外寒內溫，水旺才豐，金多子秀，火盛有榮，木多無咎，再加比肩扶助為佳，更喜身主康強足壽。

論四季月之土

辰戌丑未，四土之神。惟未土為極旺，何也？辰土帶木氣剋之，戌丑之土，帶金氣洩之，此三土雖旺而不旺，故土臨此三位，金多作稼穡格，不失中和。若未月土則帶火氣也，帶火氣以生之，所以為極旺也。若土臨此旺未月，見四柱土重，多作火炎土燥，不可作稼穡看。但臨此月之土，見金結局者，不貴即富也。書曰：土逢季月見金多，終為貴論，而在未月尤甚。

三春戊土總論

三春戊土，無丙照暖，戊土不生，無甲疏劈，戊土不靈，無癸滋潤，萬物不長。正二月先丙後甲，癸又次之。三月先甲後丙，癸又次之，因戊土司權故也。有甲、丙、癸，三者齊透，必主一品當朝，或二透一藏，亦登金榜，二藏一透，也可異途。

正二月即有甲癸，若無丙除寒，如萬物生而不長，故無丙者，富貴艱辛。或有丙無甲癸者，名曰春旱，如萬物生而多厄。無甲癸者，一生勤苦，勞而無功。或一派丙火，有甲欠癸，先泰後否。或支成火局，不見壬癸，僧道孤貧。癸透者貴。壬透者富。用水者，要審水之多少。或一派甲木，無丙者，常人。得一庚透方妙。或支成水局，甲又出干，又有庚透，富貴雙全。或無庚金，又無比印，難作從殺，定主遭凶，不然，必為盜賊。若日下坐午，不得善終。或一派乙木，為官殺會黨，即有庚透，卻難制乙，此人內奸外直，口是心非。加一甲在內，無庚，必懶惰自甘，好食無厭。或丙多甲多，宜以癸庚參用。

三月戊土司令，不見丙甲癸者，愚而且賤。甲癸透者，科甲。丙癸透者、生員。甲癸俱藏者，只可云富，有癸異途。若丙多無癸，旱田無水，不能種苗，舊穀已沒，新穀未登，此先富後貧之造。或火多有壬透者，先貧後富。癸透先賤後榮。壬藏不過食足，癸藏不過名傳，即此亦湏運美。或支成火局，淂癸透者，富貴天然。壬透富貴辛苦，何也？癸乃天上甘霖，壬乃江河波浪，所以有勞逸之殊。

支成木局，又甲乙出干，此名官殺會黨，官殺無去留之義，淂一庚透，掃除官殺，亦主富貴。無庚乃淺薄之人，宜用火洩木氣。有一命、丁未、癸卯、戊寅、乙卯。癸丁透干，加以戊癸化火，將甲木暗焚，反淂武科探花。

或有比印，耑看癸透，取癸而成貴格。無癸、無火、無金，名為土木自戰，主腹中疾病，憂愁艱苦。用甲者，水妻、木子。用丙者，木妻、火子。

丙癸甲會成七殺格，大將軍

卩	丙	寅	殺
食	庚	寅	殺
	戊	辰	比
食	庚	申	食

大運

辛	壬	癸	甲	乙	丙
卯	辰	巳	午	未	申

戊土生於辰月，支下雙寅木又見申金時支，有辰土相間而不沖，月時二干透庚金，食神甚旺，身弱命，以火生土為喜。

且看大運，早年行金水傷才財運，不以為喜，早見艱辛，巳運入原局，構成兩組寅申巳三刑，更有險難之災，及後甲午運入，終見光明，支下午火合入，寅午雙化火局，天干甲木殺生偏印，手執令旗，成為大將軍無疑。

丙癸兩透，甲藏，侍郎

財	癸	未	劫
官	乙	卯	官
	戊	寅	殺
卩	丙	辰	比

大運

己庚辛壬癸甲
酉戌亥子丑寅

戊土生於卯月，支下寅木，月日時三支寅卯辰會成東方木局，卯未合又化木，出天干透乙木，但原局天干見兩個異黨，故而不能從，此為合化之原則，以身弱用財生官、官生印星，是為三奇入命之格局。大運得到順運接連，初運甲寅，家勢顯赫，少年癸丑運，財星透現，家有資財，壬子運更合辰為水局，生起原局天干之財官印，早出應期，往後辛亥更上一層樓，官至侍郎。

丙甲渡所，壬癸透十，一榜

財	癸	未	劫
官	乙	卯	官
	戊	寅	殺
才	壬	子	財

大運

己庚辛壬癸甲
酉戌亥子丑寅

戊土生於卯月，地支卯未合，化木上天干，透乙木，得癸水及時柱壬子水生旺，全局水木相生，專於一氣，身入真從勢格矣。

大運全屬喜用連環，先來甲寅初運，家族顯赫異常，早生權貴之家，少年得志，壬子運財星連根，出干生起財官，早登科第，辛亥運加官進晉。

女命，兩癸得所，旺夫無子

傷	辛卯	官
財	癸卯	官
	戊寅	殺
才	壬子	財

大運

甲寅　癸丑　壬子　辛亥　庚戌　己酉

戊土生卯月，支見三木，得壬子癸水生旺，全局異黨，身弱極而從，看大運早行官殺，入原局得正偏才壬癸水旺生而起，早配強夫，丙午運印火太旺，阻礙原局，健康欠佳，子息艱難，土人以金為子息，火太強而金易燒熔之故，但無子卻不影響其夫運，丁未入原局合壬，未合雙卯，一同化強木官星，夫必為權貴人物。

殺印相生格，探花

劫	比		殺
己	戊	戊	甲
未	辰	寅	寅
劫	比	殺	殺

大運

甲	乙	丙	丁	戊	己
辰	巳	午	未	申	酉

戊土生辰月，支下干支四土，月令又辰土主事，身弱命，喜見雙寅木出干，透甲木，七殺得用主貴顯，大運早年行木火，丁卯，丙寅，身弱得殺印相生，早年即讀書有成，少年得志，再行乙丑官運都是佳運。

三夏戊土

四月戊土，陽氣發升，寒氣內藏，外實內虛，不畏火炎，無陽氣相催，萬物不長，故先用甲疏劈，次取丙癸為佐。丙透甲出，廊廟之才，丙癸俱透，科甲之士，即透一位，支藏得所，終非白丁。若一派丙火，為火炎土燥，僧道之流，得一癸透壬藏，功名有准。或支藏癸水衣食充足，但骨肉多刑。化合成局無破，富貴非輕。此用癸水，金妻水子。

化合逢時，名重玉堂

傷	財		卩
辛	癸	戊	丙
亥	巳	午	辰
才	卩	印	比

大運

丁戊己庚辛壬

亥子丑寅卯辰

戊土生於巳月，日坐午火，天干戊癸化火，丙火偏印透出，火多佔局，生土金，見辛金透為喜，身旺命，大運一路才傷食，金水坐東方木，運雖喜而未見力，至己丑，戊子運，子丑化土，廿年劫財為忌，應了原局癸水財星被合，運成障礙。

癸水雖出年干，乏甲疏土，秀才而已

財	印		印
癸	丁	戊	丁
丑	巳	午	巳
劫	卩	印	卩

大運

辛壬癸甲乙丙

亥子丑寅卯辰

戊土生於巳月，地支三火透干見雙丁，火旺極，年柱癸丑，水坐丑土，財星虛浮力弱，要金水相生方能顯運。

大運早年行木，乙卯，甲寅，身旺行官，官生印、印星生身，展轉未能生旺財星，功名欠力，只求平穩而已，中年運癸丑，癸合戊化火，坐丑土，火土為忌，運退不前，至壬子運，方有轉機，壬水合原局雙丁不化，子丑化土，亦是平平無奇。

五月戊土，仲夏火炎，先看壬水，次取甲木，丙火酌用，用癸力微。

壬甲兩透，名君臣慶會，自然桃浪先聲，權高位顯，又得辛透年干，官居一品。一命、辛未、甲午、戊寅、壬子，壬甲兩透。印旺殺高，出將入相，名播四夷。

若支成火局，即透癸水，不能大濟，是一杯水難濟薪火也。人命合此，即好學不倦，亦不能成名，且主目疾。若得壬水出干，則非此比。

又或土木重重，全無滴水，僧道孤貧之輩。用壬者、金妻水子。

六月戊土，遇夏乾枯，先看癸水，次用丙火甲木。癸丙兩透，科甲中人。或有癸無丙，見甲可許秀才。無甲略富。或有丙無癸，假道斯文，衣食頗足。

或癸透辛出，以刀筆之才，可謀異路。無癸丙者，常人。若又無甲，下賤之輩。或土多得一甲出，不見庚辛，為人作事軒昂，性情謹愼，即不顯揚，亦文章驚世。用癸者，金妻、水子。用丙者，木妻、火子。用甲者，水妻、木子。

稼穡格，有道全真

財　劫比
癸戊己戊
丑辰未戌
劫比劫比

大運

乙甲癸壬辛庚
丑子亥戌酉申

戊土生於未月，八字全中七字是土，天干上一癸水，亦合戊化火而去，故入專旺格，其為全真教修道之道士，其命特別處是辰戌丑未全，卻間而不沖，但丑戌未三刑，主親緣疏離之象。

大運忌走才財官殺，早運庚申，辛酉，強金連根，食傷強甚，專旺命遇重洩運，雖不至大忌，但官殺受制，卻受盡世間人情冷暖，出塵之心早已生起，至壬戌，癸亥，都是遠離人間慾望金錢之運，至甲子運，甲己，子丑同合土，與專旺格相配合，得道而名望頗高。

火為病，水為藥，狀元，乏子

傷　劫比
辛戊己戊
酉午未申
傷印劫食

大運

乙甲癸壬辛庚
丑子亥戌酉申

戊土生於未月，午未合而不化，天干戊己土透，身旺命，得辛金透干坐申酉之根，傷官亦強，早行食傷大運，連根之金甚強，早運大利，可謂得天獨厚，聰明卓越，才華早見，壬戌運偏財入命，有傷官生財得用，高中狀元。

原文指火為病，水為藥，以水為藥不如以金為藥，見水方能得月，因可化土不傷水而可用。

假傷官格，學博，子大貴

才	庚子	比
比	癸未	比
	戊子	財
劫	丁巳	印

大運

庚申 辛酉 壬戌 癸亥 甲子 乙丑

戊土生未月，時柱丁巳火連根，火生土旺，身旺之命，地支得子水雙坐，透出癸水合戊化火，庚食出干，要補水出天干之運方美。

見大運早行甲申，乙酉，身旺見官殺，生印為忌，支下食傷有申酉之根，受丁火之制，故早運一般而已，努力發奮卻未遇，中運的丙丁戊運仍屬平平，書中指其子大貴，但如屬身旺，時柱並無吉力，官殺亦非命中所喜，故相信是其子本身命佳，而非本命所能顯示。

三秋戊土

七月戊土，陽氣漸入，寒氣漸出，先丙後癸，甲木次之。丙癸甲透者，富貴極品。癸藏丙透，不僅秀才。丙甲兩透，癸水會局藏辰，亦不失富貴。無丙得癸甲透，此人清雅，家富千金。無癸甲者、常人。有丙火、妻賢子肖。若丙甲癸三者俱無，下流之命。

支成水局，休作棄命從才，宜取甲洩之。甲透者、稍有富貴。用神妻子全前。

太守

才	比		才
壬	戊	戊	壬
寅	申	辰	午
殺	食	比	印

大運

己	庚	辛	壬	癸	甲
酉	戌	亥	子	丑	寅

戊土生於申金月，八字年月二柱天剋地沖，申金司令，生起雙壬水出干，水強土弱，身弱命，支下午火，喜見大運補干見木火相生，方為大用。

大運只見一路異黨土金水，接連逆運，除非是本命身旺，否則，以身弱計，一生都沒有運行，應與此太守之命不符，這可能又要在時辰上作調整。

先貧後富，多子

	時	日	月	年
	財		殺	食
	癸	戊	甲	庚
	丑	寅	申	寅
	劫	殺	食	殺

大運

乙	丙	丁	戊	己	庚
酉	戌	亥	子	丑	寅

戊土人生申月，地支有雙寅夾冲，天干透甲透庚，食殺同透，可謂勢均力敵，命中只得一丑土被寅木所制，身弱已極，入從勢格命。

大運丙戌，火土主事，逆從格之氣，丁運亦欠佳，戊運合癸水不化，支下有子水財星，略有所成，但至己丑運甲己合土，又會打回原形。

勾陳得位，用時上丙火，天師

	時	日	月	年
	卩		卩	傷
	丙	戊	丙	辛
	辰	子	申	酉
	比	財	食	傷

大運

乙	甲	癸	壬	辛	庚
未	午	巳	辰	卯	寅

戊土生申月，申子辰三合水局，上透天干，丙辛化水，酉金生水，一丙虛浮無用，入從財格，怕行火運，喜見大運一路官殺財才傷，木水連環，其中少

年時癸合入原局，戊癸化火，支下巳申化水，水火互互化，人生變遷大，環境起落，禍福無常，故入道術玄門，後運見壬辰，才星坐水財局，財來自有方。食傷生才，少年已有才華，壬子運

八月戊土，金洩身寒，賴丙照暖，喜水滋潤，先丙後癸，不必木踈。丙癸兩透，科甲中人。丙透癸藏，可許入泮。癸透丙藏，納資淂官。若丙藏又無癸，即多不透，此皆常人。丙癸全無，奔流之客。

或四柱皆辛，無丙丁，此名傷官格，為人清秀，即不能拾芥，亦可武庠。一見癸水，富而且貴。或支成水局，壬癸出干，此名才多身弱，愚懦無能。若天干有比劫，分散才神，頗言衣食。用神妻子仝前，秋土生金極弱，須丙火丁火出干方妙。

九月戊土當權，不可專用丙，先看甲木，次取癸水，卻忌化合。見金先用癸水，後取丙火，配合支幹，方成有生之土，定發雲程。或無丙有癸，不見甲透者，衣衿小富。無癸丙、有甲者。衣食而已。若癸甲全無，雖有丙火，亦屬平常，或為僧道。或支成水局，壬癸透干，用戊止流，有比透反主富。支成火局，名土燥，不發。淂金水兩透，此人清高，略可富貴。無水、一生困苦。妻子同前。

丙甲出干，孝廉

劫	己	酉	傷
殺	甲	戌	比
	戊	辰	比
卩	丙	辰	比

大運

癸	壬	辛	庚	己	戊
酉	申	未	午	巳	辰

戊土人生戌土月，支下二辰，透干甲己合土，土強身旺命，得支下一酉之疏通，土生金，天干須待大運補干，得金而喜，得木可用。

大運初行癸酉，金水相生，傷官生財，生於富家，少年壬申，偏才坐食，水得長生，家運更盛，辛未運丙辛合住，未土不順而無運，至庚午運有食神入局吐秀，支下午火合戌成化，幸火生土、土生金，順生有情，故當官得運。

印多官旺，反得中和，庠生（秀才），大富

印	丁	亥	才
食	庚	戌	比
	戊	戌	比
財	癸	亥	才

大運

己	戊	丁	丙	乙	甲
酉	申	未	午	巳	辰

戊土生戌月，天干透丁火，癸戊再引化成火，八字火旺生土，身旺命，支

下有二亥水才，天干見庚食，只要歲運來個金水便可得運。

看大運一路上土火，尤其丙午運，午火合雙戌火兩個火局，身旺偏印為患，小人是非再加病弱，至乙巳運，乙庚化金方順，火土生金，富而小貴。

丙癸甲皆全，惜未出干，只一貢生（入京讀書，成績優異者）

卩	丙	戌	傷
比	戊	戌	比
	戊	寅	殺
才	壬	子	財

大運

己	庚	辛	壬	癸	甲
亥	子	丑	寅	卯	辰

戊土生戌月，支下二戌，天干有戊土，丙火再生土，身旺命，喜見時柱壬子才財坐根，生寅木七殺。

大運少年行庚子，金水相生，食神生才財，少年聰敏，運暢順，但辛丑運丙辛合住不化，丑土阻礙命局，壬寅運，身旺得偏才入原局，配合時柱，支下七殺亦入局得力，入京讀書，成績優異，癸卯運戊癸雙化火，支下卯戌合又化火，全局頓時一片火海，身旺火多，偏印恐成災患。

白手興家，大富

官		食	印
乙	戊	庚	丁
卯	寅	戌	酉
官	殺	比	傷

大運

甲	乙	丙	丁	戊	己
辰	巳	午	未	申	酉

戊土生戌月，天干庚金得土生，支下又有酉金為根，寅卯二木，干透乙木，剋力頗重，全局因有丁火和戌土，不能從，以月令真神為用，火土入局自有佳運。

大運先行己酉，戊申，劫比坐傷食，身弱得土助，家境中等，自身努力，積極好學，至丙午運，應期生，午火入原局，即合寅午戌會成南方火局，天干丙火之勢不可當，強印生身，官星得用，管理有方，事業興隆，再行乙巳運，乙合原局庚化金，巳合酉化金，天地引化，傷官生財，歲運遇水即能大發。

猛虎巡山格，官至少保（地位尊崇之一品官員）

劫		比	卩
己	戊	戊	丙
未	辰	戌	子
劫	比	比	財

大運

甲	癸	壬	辛	庚	己
辰	卯	寅	丑	子	亥

戊土生於戌月，八字中已有六個為土，丙火高透生土，子水支下合辰不許化，身弱極，入專旺格，行運要以火土為主，以水為忌。

看其大運，早年行北方水，初年見己土坐亥水，少年努力求學問，少壯運庚金坐子水，未能出頭，有志難舒，辛丑運，丙辛合住，支下丑合子化土，出身雖好，但少年庚子，辛丑，壬寅運，皆背喜用，庸碌欠運，人到中年至癸卯運，應期至，癸入原局即與干上二戊化火，卯木則與戌化火，專旺格再有強火入命，貴人吉星齊至，及後行甲辰，乙巳運，官殺生印星，扶搖直上，為朝庭重臣。

三冬戊土

十月戊土，時值小陽，陽氣略出，先用甲木，次取丙火。非甲、土不靈。非丙、土不暖，安能生發萬物。甲丙兩出，富貴中人。或甲得長生，遇支藏得地之水，一丙高透，亦主身貴揚名。支見庚金，入泮而已。若不見庚金，甲木藏支，丙火高透，科甲有之。若有庚，丁出制，必異路功名。或為典吏。即庚丁不透，甲丙藏支，亦云富貴。壬透得戊救丙，主富而取貴。丙甲俱無，必為僧道。

羊刃駕殺格，府尹

財	財		比
癸	癸	戊	戊
卯	亥	辰	午
官	才	比	印

大運

壬辛庚己戊丁
戌酉申未午巳

戊土生亥月，亥水生起天干二癸水，地支午火生辰土，干上戊土，亥卯，戊癸干支之合不化，水和土的力量均各自削弱，比較旺弱平均之身弱命，故用天干比肩助日主為用，以火土為喜。

大運前段行重金不合命局，一界寒微之出身，己未，己土劫財助旺日主，支下未土合原局午火不化，故基礎尚淺，一到戊午運，應期即至，戊土入局合雙癸化火，支下午火助入時支，可謂炎上之火入命，故身任一府之尹，掌管地方行政，官居一，二品。

此歸祿格，四柱見金，火運大發

才	傷		食
壬	辛	戊	庚
申	亥	寅	申
食	才	殺	食

大運

壬癸甲乙丙丁
子丑寅卯辰巳

戊土生亥月，年柱壬申水坐長生之金，水盛而再見時柱庚申金，月柱辛金坐水，金水佔局，身弱而從之命，大運一路壬癸甲乙，才財殺官之運，首運壬子，生起原局父母宮亥水偏才，再助旺年干壬水偏才，必生於祖輩大有財勢之家族，六親以偏才為父，故其父必屬富商財閥，甲寅運，少年順步而至，七殺入命，即得功業，大權已握，發創功業，至丙辰，丁巳運，丙合月干辛金化水，丁合年干壬水化木，雖巳運入原局構成兩組寅申巳三刑，內在欠佳，但外象仍然豐足，

食神生才格，兩榜

官	乙	卯	官
印	丁	亥	才
	戊	戌	比
卩	丙	辰	比

大運

丙	乙	甲	癸	壬	辛
戌	酉	申	未	午	巳

戊土生於亥水月，支下亥卯化木，上透天干見乙木，生丁火，丙火又生日主土，八字五行順生有情，是為身旺平衡，月令真神得用，水木火財官為喜之吉命。

大運早行官殺，官星乙木入原局，得亥卯支持力，喜早年讀書甚有成績，甲木七殺入局便能出頭，惜支下酉申金洩氣，未及最佳成果，至癸未，壬午癸化火，壬化木，運平而已。

十一二月嚴寒冰凍，丙火為專，甲木為佐。丙甲兩透，桃浪之人，丙出甲藏，採芹食餼。丙藏甲出，佐雜前程。有丙無甲者，豪富。有甲無丙者，清貧。丙甲全無，下流之造。

或一派丙火，加以丙透，運值火土，弱中復强，又一壬透，主清高榮祿。乏壬、僧道孤寒。或一派壬水，不見比劫，可作從才而論。即有比劫，得甲出干，又主富貴，若寒土無丙，雖有甲木，亦是內虛外實之人。或二癸透月時，名為爭合，終屬勞碌之人。得一己出干制癸，反為忠義之士，捨己從人而論。年月透辛金者，又屬土金傷官，異路功名可許。以金為妻、水為子。

從才格，太史

才	才		才
壬	壬	戊	壬
子	子	子	子
財	財	財	財

大運

癸	甲	乙	丙	丁	戊
丑	寅	卯	辰	巳	午

戊土生於子月，八字非常之特別，全局皆水，年月時格三見壬子，地支全坐四個子水，是正宗的從財格，發富財豐之命，但要行食傷生財才，再生官殺之歲運。

看大運早年財星透干，但支下一丑合三子不化，亦已生在富有之家，甲寅，乙卯運，官殺連，進入原局，被群水所生旺，自然是很早入士朝庭，往後的運主要行火土，運勢已江河日下，至戊午運，全局齊沖，恐有不測。

四柱無火，喜戊癸合化，申宮壬水輔陽，按察

財	癸	卯	官
官	乙	丑	劫
	戊	申	食
財	癸	丑	劫

大運

甲	癸	壬	辛	庚	己
子	亥	戌	酉	申	未

戊土人生丑月，天干二癸水，支下申金生水，水生木，乙木得年支卯木作根，全局水木勢旺，主身弱，用支下雙丑助命，須要歲運補干見土方吉。

見大運並無土，亦無火，行的全是異黨運，只有戌土但亦合住不化，故此按察之命還須考証，或看時辰有否前後調動，若為甲寅時，甲官坐根，便頗合此命了。

甲出丙藏，又戊多晦光，好客，一生貧

比	殺		比
戊	甲	戊	戊
寅	子	辰	午
殺	財	比	印

大運

乙	丙	丁	戊	己	庚
丑	寅	卯	辰	巳	午

戊土生於丑月，支下有寅木出干見甲木，但天干三戊土氣三現，日支辰土，五行相較下打和，是個中和命，以身略旺判之，用天干之甲木剋土，以生權勢，更喜財星之水能補根。

大運所見，全行木火土，印比劫，故無運少成，說其好客者，應該是此命支下雙合，但不化，都不是合得吉星貴人，大都是無助力閒人。

補充：多合不化者，現代多以人緣事務，服務性行業謀生者居多。

三春己土

正月己土，田園猶凍，蓋因臘氣未除，餘寒未退，故丙為尊。得丙照暖，萬物自生，忌見壬水，反為己病，何也？壬乃江湖之水，湖水一發，則田園洗蕩，變為沙土，而根苗盡沒矣。須戊作堤，以保園圃。壬多要見戊制。有戊出干者，定主玉堂金馬。若乏戊制，必屬平常。或一派甲木，有庚出干，加以癸丙齊透，配得中和，亦名利雙全。即丙生寅月，庚透天干，亦有俊秀。若甲多無庚，殘疾廢人，宜用丁洩。或一派火，即不見水無剋，何也？正月己土寒滋，必丙暖，反主厚祿。加一癸透，科甲自然。戊透、反作常人。或一派戊土，有甲出制，又主榮顯。如見乙出，雖多不能疏土，且乙多者，奸詐小人。用丙者，木妻、火子。

二月己土，陽氣漸升，雖禾稼未成，萬物出土，田園未展，先取甲木疏之，忌合。次取癸水潤之。甲癸出干，定主科甲，加以一丙出透，勢壓百僚。一見壬水，激末官職。或見庚制甲，壬水出干，比劫重重，此必俗子。丙透猶有小富，丙藏衣祿無虧。或支成木局，庚透富貴，若柱多乙木，乙又屈庚，庚必輸情於乙，不能掃邪於正，此必狡詐之徒，運入東南，恐有不測。當用丁洩之。有丁者、小人而已，不致無良。無比印、從殺者貴。若柱中無甲丙癸者，皆下格。妻子用神仝前。

庚金隔位，乙難合庚，群邪自伏，撫軍

才	癸卯	殺	
殺	乙卯	殺	
	己巳	印	
傷	庚午	卩	

大運

甲寅　癸丑　壬子　辛亥　庚戌　己酉

己土生於卯月，支下二卯上透乙木，有癸水生，木旺剋日主己土，有巳午二火坐根，但不透，所以要補干見火，即能殺印相生。

大運早行甲寅官星連根運，父母宮殺強，家教頗嚴，癸丑，壬子運，財星生七殺，入官場，運佳，辛庚運官雖不高，但卻亨通，至己酉運入原局沖年月二柱，必須小心隄防。

偏官格，巳丑會局，庚不合乙制殺，狀元

才	殺		殺
癸	乙	己	乙
卯	卯	巳	丑
殺	殺	印	比

大運

甲	癸	壬	辛	庚	己
寅	丑	子	亥	戌	酉

己日生於卯月，地支見雙卯木，出天干，乙木兩透七殺連根而強旺，身弱命必須用印，以減其殺氣，幸得日支巳火正印，有巳丑火土配合，但不透干，故歲運補干，即能上運。

大運早行甲寅木旺官星，身弱行官生印，發奮讀書，雖家境一般，卻有進取，但印土未透干而待透，後透癸丑，壬子，水生卯木木生巳火，火生丑土，依然是火土生透之運，在極力上進和奮進下，取得功名，此命應了古書所說：「眾殺猖狂，一仁可化」，只是印不透干，只待流年歲運透印即起，但是運過即還，之後不久又起，就似有守護神般，這也要有水出天干的運方能成立。

三月己土，正栽培禾稼之時，先丙後癸，土暖而潤，隨用甲疏，三者俱透天干，必官居黃閣。或三者透一，科甲定然，但要得地。卻以庚金為病。或有甲無癸，亦可致富，但不貴顯。或有癸而無甲丙，亦有衣衿。或有丙癸無甲，亦係人才。丙癸全無，流俗之輩。或一派乙木，無金制伏，貧而且夭也。妻子同前。

丙甲癸全，殺旺身強，一品

財	壬子	才
官	甲辰	劫
	己卯	殺
印	丙寅	官

大運

乙巳	丙午	丁未	戊申	己酉	庚戌

巳土生於辰月，支下子辰半合水局出天干，見壬水，水旺又生甲木，坐下有寅卯木，無如寅卯辰三會東方木局，命中至旺者非官殺莫屬，身弱命，透丙

火正印是正宗殺印相生之命格，與前命相近亦有所分別，印透與不透是關鍵，故本命之可造性較高，加上運的配合，能官居一品。

另外一個特別之處，便是天干甲己合土，得月令主氣之助，喜忌同源於月令，再加上八字天干全正財，正官和正印，正宗的三奇入命，故此乃非凡人物之造。

大運早年得到木火相生，很年輕已是一個人才，而且讀書和功名都超越常人，丁未運丁壬合木，支下又合卯木半官星木局，應期即生矣，其後戊己之運，身弱得比劫互助，財官印三奇乃得大用。

身旺任才，富翁

食	辛	未	比
財	壬	辰	劫
	己	巳	印
官	甲	子	才

大運

辛	庚	己	戊	丁	丙
辰	卯	寅	丑	子	戌

己日生辰月，甲己合土，支下巳火生未，喜見壬水得辛金生，子水坐支合辰化水局，身旺轉弱之命，亦是喜忌同見於月令上，即水土同見月令是也，比

劫生財才，大運一入己丑，甲己合土，子丑亦合土，天透地藏合力助旺日主，可取得強大之財，何以為強，子辰半合透干之正財，此大富無疑。

雜氣才官格，狀元

財	壬	子	才
官	甲	辰	劫
	己	卯	殺
財	壬	申	傷

大運

乙	丙	丁	戊	己	庚
巳	午	未	申	酉	戌

己土人生辰月，支下見申子辰三合水局，出干見雙壬水，財星佔了一整局，身弱已極，入從格，只是甲己天干作合，因辰土而得化，但辰土本身已化大水而去，不剋化神，但亦有沙石不清之忌，常覺喜中有忌，樂中有苦。

大運丙午印星強又沖年柱，故運不能順，少年吃苦，丁未運即能出應期，丁入原局合二壬化木，支下亦卯未合化成木，財官雙美，先高中狀元，繼而加官進爵。

三夏己土

三夏己土，雜氣才官，禾稼在田，最喜甘沛，取癸為要，次用丙火。夏無太陽，禾稼不長，故無癸曰旱田，無丙曰孤陰。

或丙癸兩透，又加辛金生癸，此富貴之格，名水火既濟，鼎甲之人。卻忌戊癸化合。或有丙無癸，有壬亦可，但不大發。或一派丙火烈土，加以丁火制辛，癸水無根，如七八月之間旱，則苗槁矣，此命孤苦零丁。或有甲木，又見丙火重重，無滴水解炎，亦孤貧到老。

如有壬水，又見庚辛，此又不作孤看，但恐目疾，心腎肝臟之災。若壬水有根，辛金得地，又非此而論。或壬癸並出，破火潤土，此人聰穎特達，富中取貴，又轉禍為福也。用癸者、金妻水子。用丙者，木妻火子。

此命大富，己生初夏，戊己多，得三庚生癸，故妙

比	比		劫
己	己	己	戊
巳	巳	巳	辰
印	印	印	劫

大運

戊	丁	丙	乙	甲	癸
辰	卯	寅	丑	子	亥

己土生巳月，地支巳火三連氣，天干火生己土，時柱戊辰土連根透干，全局火土二行相生，身旺真專旺格命。

大運喜走火土，早運戊辰土連根透干，入局即能大旺，早生顯貴之富有大家族，再行丁卯，丙寅，乙丑，甲子運，一路木火相生，運仍富裕。

金多洩土，旱而乏水，專用胎元

食		食	殺
辛	己	辛	乙
未	巳	巳	巳
比	印	印	印

大運

乙	丙	丁	戊	己	庚
亥	子	丑	寅	卯	辰

己土生於巳月，與前命同樣巳火三連氣，火旺身旺之命，天干喜透雙辛食神，乙木七殺，身旺食神制殺，是領兵操生殺大權之命。

本命大運走逆運，身旺行比劫印，無甚作為，復行丁丑，亦屬蓋頭截腳，喜忌參半，直至丙辛化水，得支下子水外作化，身旺財星天合地合，後運發富較遲。

辛生丑宮，不為旱田，位至方伯（明清之布政使，地方長官）

殺	乙	丑	比
食	辛	巳	印
	己	巳	印
劫	庚	午	卩

大運

庚	己	戊	丁	丙	乙
辰	卯	寅	丑	子	亥

己土生巳月，支下二巳雙捧酉金局，辛金透干，暗捧金局待歲運酉金入局，即能成化，但在未化時原局依然以正格運作，雙巳一午之火生丑土，旺起日元，喜天干食傷齊透，食神制殺命。大運早行比劫，土能生金，庚辛之食傷得用，七殺乘權，少年出眾，丁丑運火剋天干金，土途受困阻，丙子運丙辛化水，子水合丑化土，成財生殺，重新上路見艱辛。

丙旺生扶，一品夫人

印	丙	申	傷
才	癸	巳	印
	己	亥	財
殺	乙	亥	財

大運

壬	辛	庚	己	戊	丁
辰	卯	寅	丑	子	亥

己土生巳月，女命支下巳申化水，復見二亥水出干，癸水偏才透出，滿局皆

水，丙火透而才破印，身弱極而入從財格，女命從財因為其財旺能生起官殺，故每見旺及夫星，本身亦得以尊貴。

本命大運初行壬辰，家境尚好，辛卯，庚寅運金生水旺，夫子俱美。

三秋己土

三秋己土，萬物收藏之際，外虛內實，寒氣漸升，須丙火溫之，癸水潤之，不特此也，且癸能洩金，丙能制金，補土精神，則秋生之物鹹茂矣。癸先丙後。丙癸兩透，雁塔題名。

或無癸，有兩丙透者，異途顯達。或武職權高。或有丙火，不見壬癸，為假道斯文，終無誠實。或有壬癸無丙者，衣食充足，才能而已。或支成金局，癸透有根，此人家富萬緡，富中取貴。或支四庫，甲透者富。乏甲者孤貧。或甲出無癸乏金，積德可全科甲。或會火局，無水救，乃大奸大惡之徒。

或丙透癸藏，遇金頗有選援，加一壬輔，富貴慷慨，有賢聲。見戊透者，主遭凶厄且貧。八月支成金局，無丙丁出救，此人零丁孤苦。如得丙透丁藏，生己元神，此人名魁天下，五福完人。總之，三秋己土，先癸後丙，取辛輔癸。九月土盛，宜甲木疏之，餘皆酌用。

甲丙癸壬全，提督（軍務總兵）

官	甲	寅	官
才	癸	酉	食
	己	未	比
財	壬	申	傷

大運

甲戌　乙亥　丙子　丁丑　戊寅　己卯

己土生酉月，年柱甲寅官星連根，癸壬財才生官殺，申金長生水，水木太旺，一未土藏支而無用，入假從格，本命乙亥少年得運，早行財官殺之故，丙子運反覆欠佳，丁丑運，仍未見寸進，本命要行才官方能當官持權，但運不配命，至丁運亦合化不成，戊癸運化土寅官出干，甲官得以為用，故為中年方顯之命。

戊己局全於四季，火運大魁

比	己	巳	印
官	甲	戌	劫
	己	丑	比
財	壬	申	傷

大運

癸酉　壬申　辛未　庚午　己巳　戊辰

己土生戌月，巳火生丑戌土，天干又有甲己雙合化土，土多而強旺，因有壬申長生之水，不能入專旺格，大運要走水木相生，乙木破土方顯力。大運早年即行癸酉，金水相生，順洩而能快樂成長，自由高飛，聰明才智皆顯，壬申財家運與父財更上一層樓，辛未，庚午運，食傷吐秀有功，丑戌未兩組三刑，但身旺不怕刑，巳午未南方火運時，即能大魁天下。

勾陳全備潤下，勞碌奔波之客。土凝水竭，離鄉背井之流。勾陳得位會才官，無剋無破必然端，甲子北方寅卯木，管教環拱戴金冠。戊己喜亥卯未為官，申子辰為才，忌刑剋殺害。

三冬己土

三冬己土，溼泥寒凍，非丙暖不生，取丙為尊，甲木參酌。戊土癸水不用。惟初冬壬旺，取戊制之。餘皆用丙丁，但丁不能解凍除寒，不能大濟。或乾透一丙，支藏一丙，加以甲透，科甲有准。即藏丙無制，亦主衣衿。或多壬水，得戊透制之，此命安然，富中取貴。不見戊土，富屋貧人。凡三冬己土，見壬水出干，為水浸湖田，此人孤苦。若見火不孤，見土不貧。或一派癸，不見比劫，此為從才，反主富貴，雖不科甲，恩誥有之。若見比爭，平常人物，妻子主事。從才者，木妻、火子。或一派戊己，取甲制之，甲透者，富貴。或一派辛庚，須用丙火，還須丁火為助。丙藏、富貴奇特之命。

木疏季土格，侍郎

財	壬申	傷
才	癸丑	比
	己丑	比
官	甲戌	劫

大運

甲寅　乙卯　丙辰　丁巳　戊午　己未

己土生於丑月，天干有甲己合土，支下又見丑戌土根，土強身旺命，見天干正偏財星透為喜，更得支下申金坐長生，水流生生不息。

大運見水方好，早年運全是木，官殺見力，早得貴顯，家勢顯赫，已等著他進身官場，及後的丙辰，丁巳，戊午運，火土實在太重，官場阻力重重。

才旺生殺格，狀元

財	壬子	才
才	癸丑	比
	己卯	殺
比	己巳	印

大運

甲寅　乙卯　丙辰　丁巳　戊午　己未

己土生於丑月，子丑合土，天干己土透出，巳火生旺，身旺無疑，喜見天干壬癸水，支下七殺生印而難用，大運早行甲寅，官星連根，但生印故只普通，乙卯運亦同上，丙辰，丁巳，戊午運，一路火土，忌神當道，看不到有高中之運，應該時辰不準居多。

論金

金以至陰為體，中含至陽之精，乃能堅剛，獨異衆物，若獨陰而不堅，冰雪是也，遇火則消矣。故金無火煉，不能成器，金重火輕，執事繁難。金輕火重，煅煉消亡。金極火盛，為格最精。金火全、名曰鑄印。犯丑字、即為損模。金火多名為乘軒，遇死衰、反為不利。

木火煉金，成名銳而退速。純金遇水，逢富顯以贏餘。

金能生水，水旺則金沉；土能生金，金多則土賤。金無水乾枯；水重、則沉淪無用。金無土則死絕；土重、則埋沒不顯。兩金兩火、最上。兩金兩木、才足。一金生三水，力弱難勝；一金得三木，頑鈍自損。金成則火滅，故金未成器，欲得見火；金已成器，不欲見火。金到申酉巳丑，亦可謂之成也，運喜西北，不利東南。

生於春月，餘寒未盡，貴乎火氣為榮；性柔體弱，欲得厚土為助；水盛增寒，失難施鋒銳之勢；木旺損力，有挫鈍之危，金來比助，扶持最妙。比而無火，失類非良。

夏月之金，尤為柔弱，形質未備，尤嫌死絕。火多而卻為不厭；水盛而滋潤呈祥；見木而助鬼傷身；遇金而扶持精壯；土薄而最為有用；土厚而埋沒無光。

秋月之金，當權得令，火來煅煉，遂成鐘鼎之材。土多培養，反惹頑濁之氣。見水則精神越秀；逢木則琢削施威；金助愈剛，剛過則決。氣重愈旺，旺極則衰。

冬月之金，形寒性冷；木多則難施琢削之功；水盛未免沉潛之患。土能制水，金體不寒，火來助土，子母成功，喜比肩聚氣相扶，欲官印溫養為利。

三春庚金

正月庚金，木旺之際，有土皆死，不能生金，且金之寒氣未除，先用丙暖庚性，又慮土厚埋金，須甲疏洩。丙甲兩透，科甲顯榮。二者透一，亦有生監。丙藏甲透，異路功名。

或柱中土多，甲透者貴；甲藏者富，庚出則否。或丁火出干，加以戊己而無水者，又主富貴，名官星有氣，才旺生扶，故以富貴推之。如火多則用土。用土者，火妻土子。或支成火局，壬透、有根者，大富貴。無根者、小富貴。壬水者、殘疾之人。或木被金傷，無丙丁出制，支無丁火，此係平人。或丙遭癸困，無戊制者亦然。

總之，正月庚金，丙甲為上，丁火次之。春金多火，不夭則貧。陽金最喜火煉，煆煉太過，反主奔流。

食	壬	子	傷
食	壬	寅	才
	庚	申	比
比	庚	辰	卩

水盛金寒，專用丙戊，早年困苦，入東南運入泮（學生的入學大禮）

大運

戊	丁	丙	乙	甲	癸
申	未	午	巳	辰	卯

庚金生寅月，地支申子辰三合水局，上透二壬水，氣聚北方，再加時干庚金，支下申金之長生旺水，寅木在月令，即使受申所沖，亦不能從，正格滿盤食傷不入格局命。

大運身弱要見土金，原局缺土透金，急須補根以金，但亦力淺，因命中地支水太重之故，而大運一路傷才財殺官，沒有運可行，故一直都生活困苦。

支戌火局無水，僧道

殺		比	劫
丙	庚	庚	辛
戌	戌	寅	巳
卩	卩	才	殺

大運

甲乙丙丁戊己
申酉戌亥子丑

庚金生寅月，是為一僧道之命，大凡此種命的人，其命都帶偏枯，看看此命庚辛高透比劫，支下兩戌土，偏印又重，丙和巳七殺又是偏星生起偏印，八字中六粒偏星，其偏可見。

此命土金頗重，為身旺命，支下一位寅木已都生巳火去了，火又生土、土生金，展轉都是旺氣，在此情況下，很易看破紅塵。再看看其大運走勢，先來己丑印星連根，身旺行忌神運，病衰而家境不好，戊子亦相差無幾，丁亥與丙戌運，火剋天干之比劫，在寺院裡有掌管寺院之責。

二月庚金，柱中自然有乙，當令之乙，見庚必輸情於乙，此金有暗强之勢，如秋金一理，故二月庚金，專用丁火，借甲引丁，借庚劈甲。無丁用丙者，富貴多出於勉强。或丁在干，甲透引丁，支下再見一庚制甲，配得中和，必然大貴。如不見庚合者，雖丁甲兩透，亦屬平人。

春丁不旺不衰，故用甲為佐丁之物，甲若無庚劈，則不能引丁，乙木雖多，又忌溼乙傷丁，難為丁母，故有丁甲無庚者，常人。有丁庚、甲不出干者、常人。或丁透無庚甲者，可許貢監。無丁有丙者，異路功名。

或一片甲乙，忌庚出干破才，乃從才格，反主富貴。若見一比，又主孤貧。從才者，火妻土子。用丁者，取甲為妻、若有庚制，難許同偕。

死金嫌蓋頂之泥，重見戊土，如人壓伏之象，須甲透為妙。

貴自富得，慷慨好施

比	庚申	比
印	己卯	財
	庚寅	才
官	丁丑	印

大運

庚	辛	壬	癸	甲	乙
辰	巳	午	未	申	酉

庚金生於卯月，八字中和，旺弱平均但欠水，支下寅卯木為主旺氣，沒透干，但干透丁火，木生火旺，支下亦有丑申土金為根，上透己庚，土金可謂不弱，以佔月令卯木異黨判之，身略弱。

大運早行庚辰運，得天獨厚，往後亦行辛巳，火土生金，仍屬佳運，壬午運雖非助旺，卻能以木火生土金，也略有小得，因命本身中和之故，癸未運傷官坐未土，沖時柱官印，求官無緣，略見小失，至甲申運，甲木偏財合原局己化土正印，能生旺日主，又見支下申金作助力，故富而取貴，日沖而多作走動，故其財不算穩定。

甲透丁藏，武魁

比	庚	午	官
印	己	卯	財
	庚	子	傷
才	甲	申	比

大運

庚	辛	壬	癸	甲	乙
辰	巳	午	未	申	酉

庚金生於卯月，看其天干何作喜用，自可了解，干透甲木，生於卯月根重，申子合住不化，午官火亦不透，卻透己庚之土金印比，是身弱喜印比之生助命。

且看大運，早年行庚辰，辛巳，比劫得力，出身家庭背境頗好，至壬午運，有午火官星為根，入原局與年支午火相應，可生天干己土之印，得一短運，壬水食神入局生甲木偏財卻成防礙，癸未運亦如是。

武狀元，甲透丁藏

劫	劫		官
辛	辛	庚	丁
酉	卯	寅	亥
劫	財	才	食

大運

庚	己	戊	丁	丙	乙
寅	丑	子	亥	戌	酉

庚金生卯木月，支下水木相生，且生起丁火官星，其餘酉金為根生天干雙辛金，身弱用土，財火生土金。

本命為武狀元身份，且看其大運早年如何，早行己丑運，印星連根入局，助旺日元，雙辛金力更足，是一個自信剛強，努力進取，自律守規之人，官印亦起，讀書亦頗見成績，戊子運至，基礎已足，順行偏印星，取得功名，但支下子水生木，財制印而生壓力，發展下去見丁亥及丙戌運，官殺生壓力，性格不合官場，家財很一般。

大貴之嗣

殺	劫		官
丙	辛	庚	丁
申	卯	辰	亥
比	財	尸	食

大運

壬	癸	甲	乙	丙	丁
辰	巳	午	未	申	酉

庚金生卯月，支下金土水木皆不透干，八字五行卻齊備，時柱天干丁火官星為子女星，位於子息宮，支下四支均無根氣，故其生育基能不強。貴顯者，是命中五行齊備，加上命格中和，身略旺，喜見大運行食傷才財之運。

三月庚金，戊土司令，無生金之理，有埋金之憂，故先甲後丁，不用庚劈甲。三月之庚，土旺金頑，頑金宜丁，旺土須甲，乏甲不能立業，乏丁焉能成名。二者少一，富貴不真。

庚金無火，非夭則貧。身弱才多，富貴不久。得丁甲兩透，不見比肩，科甲之命，但要好運相催。甲透丁藏，採芹拾芥。甲藏丁透，異路功名。丁甲俱藏，不受庚制，富中取貴，刀筆起家。有甲無丁，平常之輩。有丁無甲，迂儒腐儒。丁甲兩無，下賤之流。

或一甲、無丁、有丙，由行伍而得官職，須不見壬癸為妙。或支成土局，無木，貧賤僧道；見乙、奸詐小人。或支成火局，癸水透，富貴。有丙丁出干，見壬制之、方吉。無制、殘疾之人。用甲者，水妻、木子。用丁者，木妻、火子。

時出壬水，支成水局，名井欄叉格，官至太師

比	比		食
庚	庚	庚	壬
子	辰	申	午
傷	尸	比	官

大運

辛	壬	癸	甲	乙	丙
巳	午	未	申	酉	戌

庚金生辰月，支下申子辰三合水局，上透壬水，旺水更得二庚之生旺，時支一個午火藏於群水之下，水多火熄，故身弱要火土生金，以減水之盜洩日元。

大運一路上都是金水木，但支下卻行南方火地，早年有起落，入西方運而乙酉運生應期，乙入原局即與天干三庚相合化金，支下辰酉亦化，天地合德，以比肩旺起全局，運旺勢不可擋，往後再行丙戌合火庫連根之七殺運，權力應當更加強盛，惜此運雖見火來補干（補午火之干），卻引動全局爭端，造成水火相敵、火金互剋、三行相戰的局面，五行逆生無情，因原局無土通關，始終難保平安。

此完全是出於命理學上的「回剋」所致（丙火剋原局金，三金生水回剋），政治官場之複雜，實非常理可解，或可借助五行生剋，以明事相。

三夏庚金

四月庚金，長生於巳，巳內有戊。丙不鎔金，故不畏火炎，丙亦可作用，但先壬水，方得中和，故曰群金生夏，喜用勾陳。次取戊土，丙火佐之。三者皆全，登科及第，即透一二，亦非白丁。

或一派丙火，名曰假殺為權，須不見壬制者，此人假作清高，並無仁義，刑妻剋子。有壬制者，又主榮華。壬藏支者，有富貴之名，而無其實。或支成金局，變弱為強，用丙無力，用丁方妙，故丁透者吉。無丁、無用之人。或丁出三四，煅制太過，其人奔波。四月庚金，須用壬丙戊，但非拘執先後，宜分病用藥。妻子全前。劍戟成功，入火鄉而反害。金逢火已損，再見火必傷。庚辛火旺怕南方，逢辰巳之鄉，又為榮斷。

五月庚金，丁火旺烈，庚金敗地，專用壬水，癸又次之。壬透癸藏，支見庚辛，必然科甲，切忌戊己透干制水，則否，戊藏支內，不失儒林，或壬在支，有金生助，又得金神出干，明經之貴，或癸出帶辛，異路之榮。 或支成炎局，乏水者，奔波之客，有壬癸制者，捐納之人，又見戊己透者則否，無壬癸制火者，又宜戊己出干補金洩火，庶不夭折孤貧。總之仲夏無水，非上格，或一派木火，無傷，印，比劫，又作從殺而論。

從殺格，先貧後富，壽考子多

	時	日	月	年
	食		比	印
	壬	庚	庚	己
	午	戌	午	未
	官	卩	官	印

大運

己巳　戊辰　丁卯　丙寅　乙丑　甲子

庚金生於午月，本命支下午戌，午未合，但只合住不化，並無化神火透天干，火雖猛，不熔金，保住庚金，還有天干的己土，火生土而地支的戌未二土亦可作根，火土生金水命，身得平衡，取其略旺宜洩，天干喜見壬水卻虛浮無根，歲運補根，即可為用。因此，本命非從殺格，要以正格論。

大運早行己巳，戊辰，火土燥旺，出身寒微，丁卯運丁壬入原局，丁壬合化成木，地支卯戌則化火，木出天干，得到環境的改善，發奮圖強，少年從商買賣，已有賺錢能力，丙寅火旺生土，阻力多，壓力重，但後運行乙丑，乙木正財合庚，天干雙化金，金能生水，原局壬水食神得用，故而能取小富，後運癸亥連根之水，更是晚年出應期，壽而富足。

六月庚金，三伏生寒，頑鈍極矣，先用丁火，次取甲木。丁甲兩透名顯身榮，忌癸傷丁，有甲無丁，庸俗，有丁無甲，生員，丁甲全無，下賤之人，木雖有，丁不透，支又見水，執鞭之士，丁火無傷，貿易之流。支會土局，甲先丁後，甲透者，文章顯達，丁透者，刀筆揚名（形容寫狀詞者）。或柱多金，有二丁出制，異路功名。

丁透甲藏，甲年得志，一榜，少兄弟

殺	丙	辰	卩
官	丁	未	印
	庚	申	比
官	丁	亥	食

大運

戊申 己酉 庚戌 辛亥 壬子 癸丑

庚金生於未土月，支下二土生申金，身旺補火根，助起日主，支下金生亥水，天干三火並透，卻無根氣，十分中和之命，故一生運氣平均向好，無甚大起跌，故以補根為佳，其次取木來生火亦吉。

大運所見，一路土金，身旺復行身旺運，並無志向之命，說此命一榜入圍，實在未能太看好。

壬透制火，縣令，大有才幹

才	丙	午	比
比	乙	未	比
	庚	寅	財
劫	壬	午	印

大運

辛庚己戊丁丙

丑子亥戌酉申

庚金生於未土月，支下化成一片火海，午未，寅午雙合，天干透出丙火，理應從之，但天干見乙壬兩個異黨，乙木更得月令未土之餘氣，故不能從，身弱極命。

大運行丙申，童年火金見剋力，支下申沖寅，浮災險渡，丁酉運丁壬化木雖貧，但日元得金之帝旺，漸見強化，至戊戌運，戊土偏印連根，合雙午化火，火土生起庚金日主，壬丙食神制殺得用，走上士途顯貴之路，己亥運，庚子運，土金坐下洩氣，當一縣令而足。

此傷官格，制殺太過，入木火運，才旺生殺，大發

傷	癸	巳	殺
印	己	未	印
	庚	子	傷
才	甲	申	比

大運

癸甲乙丙丁戊

丑寅卯辰巳午

庚金生未月，巳火生土，己土透干，身強，天干癸甲，傷官生才為用，大運早年戊午，身旺火土成阻塞不通，書少讀，丁巳火來生土，滯氣未除，丙辰運支下本有申子辰水局，但生未月而不得化，乙卯，甲寅行財才連根之運時，方能發富，但甲運與原局己土合而化土，成中有敗，得失互見。

一丙二丁，取癸制殺，為没起家

殺	丙	辰	卩
財	乙	未	印
	庚	辰	卩
傷	癸	未	印

大運

丙	丁	戊	己	庚	辛
申	酉	戌	亥	子	丑

庚金生於未土月，支下辰未兩見，四土坐旺，身旺命，天干癸水乙木和丙火皆虛浮無根，故歲運急補根，方能有用。

大運先行丙申，丁酉，官殺金來截腳，自小堅強勇敢，只是家貧欠運，戊戌運戊癸化火，支下戌土沖二辰，雖有運但沖而不穩定，己亥，庚子，時運略有發展。

三秋庚金

七月庚金，剛銳極矣，專用丁火煆煉，次取木引丁，故曰，秋金銳銳最為奇，壬癸相逢總不宜，如逢木火來成局，試看福壽與天齊，如得丁甲兩透，定步青雲，若有丁無甲為俊秀，有甲無丁是平人，丁甲兩無無用物，只堪門下作閒人。

或支成水局，乏丁用丙，柱中即有丙火，不見甲木者，必主愚懦，何也，當時金水兩旺，金生水以制火，何能發達，或見甲出引丁，可云生監，甲弱者，衣食充盈。或支成土局，先甲後丁。支成火局，富貴中人，金剛木明，行商坐賈之人，金備申酉戌之地，富貴疑，金神入火鄉，逢羊刃富貴榮華。

八月庚金，剛銳支退，用丁甲，丙不可少，若丁甲透，又見一丙，功名顯赫，且見羊刃無刑沖，丙殺藏支，名為羊刃架殺，主出將入相，直介忠臣。或丙火重重，一丁高透，亦主科甲，丙出丁藏，異路之仕。或甲藏支，火透而水不透者，亦主清高，衣衿可望。

或丁藏支內，重見丙火者，此名假殺重重，雖羊刃帖身，卻難從殺也。即一丙透，秀而不富，或支見重重甲乙，無用人也，總之旺金木衰，非火莫制，不見丙丁，藝術之輩。

身旺在殺，一品

殺　丙子　傷
官　丁酉　劫
　　庚子　傷
殺　丙子　傷

大運

戊戌　己亥　庚子　辛丑　壬寅　癸卯

庚金生酉金月，金雖得令，但三個子水洩金連氣，再加丙丁官殺之火三透，但月令為金，不能輕言從格，身弱極而用土生金，看其大運便知。

行戊戌，土旺連根生金為喜，生長在在一個好家庭，本身聰敏過人，長輩提攜有功，少年入己亥運，順行正印，讀書取得頗佳名目，庚子運比星生助入官場，但子水洩弱，未算大勇，壬寅化木成忌，一直欠運浮沉，要到乙巳運乙庚，巳酉天地同化成金，才是應期，出任承相，官居一品。

才旺生官，副使（通政使司副使，三品官）

財　乙巳　劫
財　乙酉　劫
　　庚午　官
官　丁亥　食

大運

甲申　癸未　壬午　辛巳　庚辰　己卯

庚金生酉月，巳酉化金，天干乙庚亦同化為金，身旺命，天干透財官，地支見午火為官之根，見大運箯未，王午，水火皆為喜用，身旺吐秀，食傷生財，官星有根。至庚辰運庚入原局，合雙乙木化金，辰亦合雙酉，全化金局，破財損運，不可不防。己卯運更形成年月二柱天剋地沖，命局傾危。

羊刃架殺格，尚書

印	己亥	食
傷	癸酉	劫
	庚申	比
卩	戊寅	才

大運

壬申　辛未　庚午　己巳　戊辰　丁卯

庚金生於酉金月，日坐申金，干透雙土，自黨多而身旺，天干癸水傷官坐下亥水食神，得連氣而順洩，旺金吐秀，歲運至怕己土剋制癸水為忌，最喜是金來生水。

大運初行壬申，早年得食神順洩吐秀，水得長生，童年樂趣多，聰明好學，辛未運辛金生原局癸水傷官，學有所成，庚午運亦同，己巳運己印為忌，支下巳申化水，略得疏通，運有高低，戊辰運入原局戊癸合而不化，辰酉合化金，出干生癸水傷官，吉神仍能得用，官位可保。

九月庚金，戊土司令，最怕土厚埋金，宜先用甲疏，後用壬洗，則金自出矣，忌見己土濁壬。壬甲兩透，科甲相宜。

或甲透壬藏，鄉魁可望，甲藏壬透，廩貢堪謀，有甲無壬，猶有學問，有壬無甲，莫問衣衿，壬甲兩無，則為下格。或支成水局，丙透救之，此人財高邁衆，名重鄉閭，不見癸水，一榜可許。或四柱戊多金旺，全無甲壬者，即有衣祿，亦不能久，或庚戊多無壬甲者，愚頑之輩。

尚書

劫	卩		才
辛	戊	庚	甲
酉	戌	申	申
劫	卩	比	比

大運

丁	丙	乙	甲	癸	壬
酉	申	未	午	巳	辰

庚金生於戌月，地支兩重申酉戌會金局，上透天干有辛金，再見戊土生金，一粒甲木孤露而坐申金，入假專旺格，行運喜自黨土金而發。

大運一路都是木火金，官殺財才傷食，似不順局，細察下見丁酉，丙申，早年兩個蓋頭截腳運，火能生土，官殺生偏印，亦算佳運，而且早年已有大志，只坐下酉申比劫，資財不足，艱辛上進，至乙未運入原局合日主庚金化金，未土再生起強勢，得時得運，癸巳運，癸水入局合戊土化了偏印戊土成火，巳酉化金，巳申化水，少了戊土通關，火來直剋，反而受壓，官場不穩，政敵眾多之象。

方伯

比	殺		劫
庚	丙	庚	辛
寅	戌	戌	巳
才	卩	卩	殺

大運

丁	戊	己	庚	辛	壬
亥	子	丑	寅	卯	辰

庚金生戌月，支下火生雙戌土，丙火出干，以巳火為根，一火制干上三金，身旺用殺，大運早行官星丁亥，早有志氣，家境一般，戊子運少年有志難舒，至己丑運，正印己土自坐丑土入局，旺土生起強金，七殺力弱而無用武之地，及後庚辛運都是平常運而已，要到壬癸運方得顯用，扶搖直上。

太尉

劫		卩	劫
辛	庚	戊	辛
巳	申	戌	酉
殺	比	卩	劫

大運

壬	癸	甲	乙	丙	丁
辰	巳	午	未	申	酉

庚金生於戌月，支下申酉戌三會金局，巳酉又半合金局，再見天干辛金兩邊掛，土生金，真專旺入格矣。

大運早年官殺坐比劫，丁酉，丙申，乃平常讀書運，大志未酬，乙未運乙庚合化成金，未土生，立即高升，早得功名利祿，甲午平平無奇，至癸巳運，癸水入原局合戊化火，巳火則合酉化金，官運急升，但巳火同時又合申化水，政壇複雜，風起雲湧，有起落高低之象。

三冬庚金

十月庚金，水冷性寒，非丁莫造，非丙不暖。丁甲兩透，支無水局，一榜有之，支藏丙火，桃浪之仙，支見亥子，得己出制，亦有功名。

若見丙透無丁者，無顯達，丁藏甲透，武職之人，以上不合者，庸俗。如金水混雜，全無丙丁者，鄙夫，支成金局，無火者，僧道之命也，書曰，水冷金寒愛丙丁。

甲丁得全，廉訪（使者）

官	丁亥	食
劫	辛亥	食
	庚子	傷
食	壬午	官

大運

庚戌　己酉　戊申　丁未　丙午　乙巳

庚金生於亥月，支下二亥一子水，天干再透壬水，水勢有若江河直奔，丁火出干，制辛金無力，午火作根又被子沖，八字身弱，極須土來制水生身。

大運早年土金連環，出生家庭背景優越過人，戊申運功名早至，丁未運官星合入原局，化壬水為木財，支下有午未合不成化，此運士途艱辛異常，丙午運，丙合辛金化水，午火沖動日柱庚子，動盪不安，奔走四方作使臣。

女命，金清水秀，夫榮子貴，美而且賢

食 壬辰 卩
劫 辛亥 食
庚辰 卩
殺 丙子 傷

大運
庚戌 己酉 戊申 丁未 丙午 乙巳

庚金生亥水月，是個美麗清秀的女子，看看其八字是如何表現出來，支下雙子辰半水局，地支全水，壬水出干，辛金生水，丙火虛浮無用，入假從勢格。女子食傷入格者，每多秀麗，金水傷官又主才智出眾，此外食傷又為女之所生，屬子女星，從兒格子女每多成才。

大運順行金水木便是佳運，只怕辛金被剋破，土入濁水，但丙丁入局時，都被原局壬辛合化成吉星，故其貴亦在於此。

本命先行庚戌，土生辛金，不剋反生壬水，出身雖然不是富貴人家，但本質優良，己酉少年運，土生辛金生水，忌而不忌，戊申運申子辰合入原局，雙三合水局，助旺壬水，運更高升，婚姻美滿，丁運丁壬化木，丙運丙辛化水，可謂夫榮子貴矣。

十一月庚金，天氣嚴寒，仍取丁甲，次取丙火照暖，或丁甲兩透，丙在支中，必主科甲，即無丙火，亦有衣衿，有丁無甲，亦可富中取貴，有甲無丁，只作常人，或丙透丁藏，異途名望，丁藏有甲，武學可許。或重重丙火，可許一富，但不清高，丙戊生寅，或丙底坐寅，有一二者，富眞貴假，若見癸透，一介寒儒。或支成水局，不見丙丁者，此乃傷官格，為人清雅，衣祿常盈，但子息艱難耳。或丙丁太多，名官煞混雜最無良，又怕身輕有損傷，如遇東南二運地，焉能挨得過時光，過於清冷，似有淒涼，柱中一派金水，不入火土之鄉，主一生孤貧浪蕩，難望有成也。

井欄叉格，尚書

食	壬	子	傷
食	壬	子	傷
	庚	申	比
比	庚	辰	卩

大運

癸	甲	乙	丙	丁	戊
丑	寅	卯	辰	巳	午

庚金生子水月，支下兩組三合水局，天干庚金生二壬水，年月二柱壬子水強根，庚金日主亦自坐強根，八字柱柱通根，是為特別吉命。本命水佔全局，雖然有三個土金自黨，但都全給合化成水，故仍以從格論。

大運一路都順行傷才財殺官，水木火連環而生，可謂一生都有運行，每個都是佳運。丙申運入原局中，合申子辰化合加強了命中之水局，食神制殺為權，可謂威權萬里。

丁甲在支，富大貴小

劫 辛亥 食
比 庚子 傷
　 庚辰 卩
傷 癸未 印

大運

甲乙丙丁戊己
午未申酉戌亥

庚金人生子水月，子辰化水再見亥水，癸水出天干，二金比劫在干，又有未土之生，但始終水旺勢眾，身弱命，喜行土金生助日元運。

大運先行土正偏印，少年上位甚快，戊戌連根之土入命，生旺庚辛金，傷官配印，自小有貴氣，智巧過人，丁酉運丁火官星坐辰酉合金，仍能發奮上進，丙申運入原局，丙辛化水，支下申子辰水局，洩弱命主元神，身虛體弱，至乙未運，衰氣未過，乙木入原局即與兩庚合住不化，得支下未土正印扶身，生旺局中未土，忽來財運至富。

甲丙得位，富中取貴

劫		比	才
戊	庚	戊	乙
寅	寅	子	卯
印	財	比	比

大運

壬癸甲乙丙丁
午未申酉戌亥

庚金生子水月，本命指其因富而得貴，受人尊崇，主要是木多身弱，而出干之兩個戊土偏印，是貴氣所在，只怕年柱乙卯強財剋壞印星。大運中乙酉，早生應期，乙庚化金，自坐酉金進入原局，強起自身，得以取乙卯之大財，故而此運富貴顯達，但運過境遷，甲申來臨，卻是破財之運，所幸者申金仍然根基深厚，但亦經起落，至癸運合了原局雙戊偏印化火而去，支下卯未化木，一場虛名假利，黃梁一夢而已。

十二月庚金，寒氣太重，且多濕泥，愈寒愈凍，先取丙火解凍，次取丁火煉金，甲亦不可少。丙丁甲透者，即不科甲，亦有恩榮，有丙無丁甲者，富中取貴，有丁甲無丙者，特達財人，有丙丁無甲者，白手成家，刀筆亨通，乏金更美，或支成金局無水，僧道之流。

女命，夫婦白頭，五子大貴

卩		卩	財
癸	庚	己	庚
未	戌	丑	辰
才	才	傷	財

大運

戊	丁	丙	乙	甲	癸
子	亥	戌	酉	申	未

庚金生於丑月，女命，其指本女命特點，在於婚姻生活美滿，和有極好的子女運。看看這八字有何特別之處。

八字全局大半是土，入假專旺格，要看情緣，便須看夫宮和夫星，日主夫宮坐戌土，夫星為火，命局之火只藏於戌未二土餘氣之內，但在大運裡卻有丙丁火透，尤以丙戌運，火坐庫入命局，夫星入命生正印喜神當旺，嫁得貴顯，官生印、印生身，夫能呵護備至。

子女方面可看食傷星和時柱子女宮位，子女宮傷官星雖不為喜，但坐在未土正印之下，土多之命因制水，理應子女少，甚至會生育艱難，何以會有五子之貴，看看大運，古時女性生展期早於現代，期間行丁亥運，亥水為癸水之根，可推其生產之年，但就沒有多少之應，除非其遲生產至乙酉運，乙金坐酉金合入原局，化辰為金，乙庚又合，化金生癸水，旺及子女吧，但子女太多，在現代會反成勞累，金水耗洩日元，無論身心和資財上都會有損，恐怕會影響健康，更何其命中辰戌丑未四沖齊備，幸得專旺而略可抵消，但身體或六親都較一般人複雜，不可不知。

兄弟雙生，兄舉人，弟茂才，弟酉時，無甲故也

印	己巳	殺
官	丁丑	印
	庚子	傷
才	甲申	比

大運

丙子　乙亥　甲戌　癸酉　壬申　辛未

庚金生丑月，支下火土水金齊備，天干丁火己土得年月之根，日主亦有申金，火土生金，支下子丑合土，上透天干見己土，土金強而身旺。

大運早行財才木運，身旺財星照臨，家境不算差，指其兄弟皆略有功名，而他本人則沒有提到，看其命局少壯行甲戌運，順境中，支下戌土洩才，故讀書尚好，以未見功名居多。

三春辛金

正月辛金，陽氣舒而寒未除，不知正月建寅，中有長生之丙，解去寒氣，忌甲木司權，辛金失令，取己土為身之本，欲得辛金發現，全賴壬水之功，己壬兩透，支見庚制甲，科甲定然，或己土透干，支中有甲，異路恩榮，或己土不全，號曰君臣失勢，富貴難全，或有丙火出干，亦主武學，或見壬，無己庚者，貧賤之徒。

或支成火局，即壬水出干，不剋己土，亦尋常之人，或庚壬兩透，破局制火，必為顯達之人。　或支成水局，不見丙火，名為金弱沉寒，平常之士，書曰金水性寒寒到底，淒涼難免少年憂，得丙透照暖，反主富貴。故正月辛金，先己後壬，己為君，庚為佐，如用丙火須參看，用己，火妻土子，用壬，金妻水子。辛金珠玉，最怕紅爐，辛逢卯日，子時，名曰朝陽。

有己無壬，秀才而已

卩		劫	官
己	辛	庚	丙
丑	酉	寅	辰
卩	比	財	印

大運

丙	乙	甲	癸	壬	辛
申	未	午	巳	辰	卯

辛金生寅月，支下酉丑合金，天干透庚，時柱己丑土旺連根，生金乘旺，命主身強喜洩，但喜用天干不見，反而是藏於月令中的寅木財星，但此木原局

無水來生，故要天干見補干之木，地支現生木之水，方能顯月令真神之用，否則便是有志難舒之命。

看其大運，早年行壬辰，癸巳，水不在支下而在干上，無木可生，但卻有文才，自在無拘束，有所謂文士風流個性，但功名和士途運便不足了，必須等到甲午，乙未二運才有機遇，可惜的是，甲運合了原局己化土，身旺火土，月令用神寅財仍難有所用，只一界懷才不遇酸秀才，空有理想才華。到了乙未運以為終有機遇了，卻又因乙庚合住，支下未土生金，機會仍然落空，運更平常。丙申運，已是中年過後，但此運卻可吐氣揚眉，何以得知？丙火官星入局，與辛金合化成水，更自備化神，坐申金水長生吐秀，總算沒有虛渡一生。

二月辛金，陽和之際，壬水為尊，見戊己為病，得甲制伏，則辛金不致埋沒，壬水不致混濁，合此者必身入玉堂，故二月庚金，有壬甲透者貴顯，不則，鄉紳，或壬坐亥支，不見土出，可能入芥，家亦小康，得申中之壬者，異途名望，無壬者常人，其生剋之理，與正月辛金皆同。或壬戊透，甲不出干，此為病不遇藥，平常之人，得乙破戊，頗有衣衿，但假名假利，刻薄乖張。或一派壬水汪洋，名金水淘洗太過，不得中和，略有衣食，全無作為，如壬水重重，得戊反吉。或支成木局，洩盡壬水，有庚富貴，無庚平人。或支成火局，名官印相爭，金水兩傷，下流之格，得二壬出制，富貴反奇。辛金生於春季，一派壬水，而無丙水，即能顯達，家無宿春，得壬丙齊透，方許大富大貴。

用胎元庚金破木，太守（一郡的最高行政長官）

才	乙卯	才
卩	己卯	才
	辛酉	比
財	甲午	殺

大運

戊寅 丁丑 丙子 乙亥 甲戌 癸酉

辛日生於卯月，支下雙卯，氣透天干甲乙木，木勢強旺，身弱命，日主坐祿甚喜，天干己土來生卻怕受木剋，大運喜見土金生身，忌財星破印。

大運早行戊寅，正印坐財，小康之家出生，丁丑運入原局，殺印相生，火來護土更有丑根，少年發奮，成績驕人，丙子運丙入局與辛化水，地支子入局見沖刑，人浮於事，一蹶不振，乙亥運亥合年月二卯化財，忌財而重財入命，窮途潦倒，至中年期入甲戌運，竟扭轉乾坤，甲入局合己化土，戌土又與二卯化火，火土生金出應期，官居太守。

用庚不用壬，侍郎

才	乙	酉	比
卩	己	卯	才
	辛	卯	才
官	丙	申	劫

大運

戊寅 丁丑 丙子 乙亥 甲戌 癸酉

辛金生於卯月，支下雙卯透出主氣，乙木偏財出干，自黨申酉金，天干有己土，身略弱喜見土金印比生身為用，大運早行官殺印，平穩向上，殺印和官印入局相生，士途亦穩定，至甲戌運甲己合土，支下戌合雙卯化火，火土合起連根之力，又申酉戌三會金方局，助旺日元，官印相生而官至侍郎。

用丁，文學蓋世，但一秀才而已

卩	己	未	卩
殺	丁	卯	才
	辛	巳	官
卩	己	亥	傷

大運

丙寅 乙丑 甲子 癸亥 壬戌 辛酉

辛金生於卯木月，支下亥卯未三合不化，影響三支主氣之力，巳火見沖，天干雙己土，是主才思聰敏，有識之士，得火土之力生助，有功名在身，但本命仍以身略弱取用。

大運早年行丙寅運，天地皆合而不化，運道平平，少年行乙丑，沖年柱走他鄉，欠缺經濟支持，但偏才入局可生丁火再生己土，身懷文才，甲子運入局，合住雙己土不化原局都失了作用，七殺都變成了壓力，而子水亦不為命中所喜，故欠運，至癸亥運時，同樣是力微無助，水木寒薄，人浮於事，可謂人情冷暖苦自知，壬戌運，壬合入原局丁化木，戌土支下合卯化火，得木生丁火，再生己土，火土生日主，漸見好境。

才旺生官，狀元

財	甲	午	殺
殺	丁	卯	才
	辛	未	卩
卩	己	亥	傷

大運

戊	己	庚	辛	壬	癸
辰	巳	午	未	申	酉

辛金生於卯木月，支下亥卯未三合木局，有甲木為引天干透，木生午丁之火，一土生金，全局雖見木重，但火可生土，故以殺印相生，身弱極但不以從格論。

大運先走強印生身，初運生於書香世家，得父母長輩及司長厚愛，健康成長，庚午運助日元，支下午火合原局未土化火，生起天干己土再生丁火七殺，高中狀元，實時也命也。

女命，金水汪洋，一生淫賤孤寡

傷	壬	子	食
食	癸	卯	才
	辛	卯	才
傷	壬	辰	印

大運

壬	辛	庚	己	戊	丁
寅	丑	子	亥	戌	酉

辛金生於卯木月，支下子辰半合化水局，天干二壬高透，本命以真從勢格論之，但真從之命每多顯貴，又何以會說其淫賤？且看其八字有沒有可作探究之處。

本命實為一水清木秀、才智俱備之人，初運壬寅是水木相生之順運，已知其出身高尚，且有學識，只可惜後半生行的是逆水行舟之運，所幸者是真從命，若是假從便早已破局。

真從運，少年行辛丑、庚子運，庚都能生水助木，運仍可喜，何忌之有？

至己亥運，有己來濁水，支下亥水合雙卯不化，大大影響了從格之穩定性，恐生小人是非，戊戌運，土不但連根進入原局，更天地化合成火，即戊癸和卯戌雙化，火局入侵，水火相敵，從格至怕是兩神互戰，但日主真從，仍不怕破局，問題是印星忌神入命，給一同化為官殺星，代表這個運握有權力，試問一個本事很高的女人，週旋於眾多心懷不軌但有權勢的男人中（官殺於女命又為桃花及男人），又怎會不出亂局？這在現今時有所見，但以古時人的眼光，又怎能容得下這種情況出現，故冠以淫亂之名。

三月辛金，戊土司令，辛承正氣，母旺子相，先壬後甲，壬甲兩透，富貴必然，壬透甲藏，廩貢不失，甲透壬藏，富貴可云，壬甲皆無，平常之格。所忌者丙貪合也，如月時皆丙，名為爭合，主慷慨風流，交四海，若癸出干制丙，可許采芹。

或支坐亥子之鄉，支又見申，即非玉堂，亦必高增祿位，若戊出干制水，不見甲乙，清閒之人。又或支見四庫，名土厚埋金，不見甲制，愚頑之輩。或四柱火多，無水制伏，名火土雜亂，主作緇衣，見癸可解。或比劫重重，壬癸淺弱，主夭，有甲出干，則貴，然無庚制方妙。

三夏辛金

四月辛金，時道首夏，忌丙火之燥烈，喜壬水之洗淘，支成金局，水透出干，有木制戊，名一清澈底，科甲功名，癸透壬藏，富真貴假，若壬癸皆藏，戊己亦藏，略富，若壬癸俱無，反見火出，必主鰥獨。

或支成火局，有制者吉，無制者凶，凡火旺無水，取土洩之。若壬水藏亥，戊不出干，亦主上達，有戊常人，有一甲透，衣祿可求，若有甲無壬癸者，富貴虛浮，所謂羊質虎皮是也。　壬，癸，甲，三者全無，又不合格，斯為下品。

兩間不雜，但非時耳，茂才

才	乙	未	卩
比	辛	巳	官
	辛	亥	傷
才	乙	未	卩

大運

乙丙丁戊己庚
亥子丑寅卯辰

辛金生於巳火月，支下見雙未土，火土勢旺，天干二乙木透，有辛金制之，本命屬身弱，喜補干以土，火次之，怕損局辛金。

大運早行助身之庚辰運，土金生助，日主所喜，命中有財，家中有錢，少年行己卯，亥卯化木，家中經濟有起落，但境遇仍充足，戊寅運正印星坐財，與前運同，故才氣亦一般，秀才郎，有點小運，至丁丑運時，火土本為佳運，但丁火七殺入局剋辛金，丑未又雙沖地支，故而運不安穩，壓力多，丙子運丙辛化水，身弱行洩身水運，體弱少作為，心有餘，力不足矣。

五月辛金，丁火司權，辛金失令，陰柔之極，不宜煆煉，須己壬兼用，何也，己為泥沙，壬為湖海，己無壬不濕，辛無己不生，故壬己並用，無壬，癸亦可用，但癸力小。

或支成火局，即重見癸出，亦不濟，得壬透破火方可，必主生員，若無壬，癸見戊，雖有午宮己土，燥泥成灰，金必煆熔，反遭埋沒，必為僧道，有一二重比肩，不致孤獨。

五月辛金，壬，癸，己，三者皆用。或壬己兩透，支見癸水，不沖，定主顯達，即己藏支，亦有廩貢，或無壬有己，須得異途，或癸出有庚，必主衣錦，叨受恩榮，若水土多者，見甲方妙。庚辛生於夏月，要壬癸得地，若木多火多，不見金水，逢金水運必敗。

月午宮丁己，又透甲木，中書（從七品輔佐主官）

官	丙子	食	
財	甲午	殺	
	辛亥	傷	
傷	壬辰	印	

大運

乙未　丙申　丁酉　戊戌　己亥　庚子

辛金生於午火月，子辰半合水局，亥水為輔，干透壬水，水可謂旺，午火月令主氣由丙火出，日主剋洩俱重，從勢格論之。

大運早年見才官殺，木火運都是命中所喜，但是支下西方金，截腳無力，家境尚好，丁酉運便有機會在官場弄個職位，其後是戊戌，己亥運土生金，逆從格運，戌運化火官，但不出頭，都只能當個七品小官而已。

六月辛金，己土當權，輔助太多，恐掩金光，先用壬水，取庚佐之，壬庚兩透，科甲功名，即不出干，藏支得所，亦有榮華，但忌戊出，得甲制之，方吉，甲須隔位，恐貪己合，反掩金光，又寒壬水之流，下賤之格，又忌庚出制甲，或只有未中一己，見子壬水，又為濕泥，不可見甲，甲出，反作平人，總以一壬一己，見庚無甲，方妙，與五月用己壬同。或丁乙出干，又有庚壬者，顯貴，無壬者，否，或支成木局，得壬透，又有庚金發水之源，可云富貴。

丁壬兩透，大貴之命

傷	殺		財
壬	丁	辛	甲
辰	未	丑	午
印	尸	尸	殺

大運

戊	己	庚	辛	壬	癸
申	酉	戌	亥	子	丑

辛金生未月，本命三土在支，得丁午火之生，丁壬化木，又透甲木，身旺透強財，行食傷財才運時主大貴。

大運初行戊申，己酉，土金不利身旺命，故早年必環境不濟，庚戌運庸碌無成，辛亥運，略有改善，支下亥水可略作疏通，仍須待運，至壬子運，終得應期來，壬水傷官喜神入局，合丁化木成財，與原局甲木財星呼應，支下子水又合辰化傷，傷官生財，故而大貴可期。

七殺無制，貧苦終身

財	比		殺
甲	辛	辛	丁
寅	未	未	酉
財	尸	尸	比

大運

壬	癸	甲	乙	丙	丁
申	酉	戌	亥	子	丑

辛金生於未土月，土金偏旺，年柱甲寅財星坐根強盛，驟眼看似是身旺命，但細察下，月令未土中氣及餘氣，均上透，甲木與丁火皆能收氣強化，力量倍增，故而命屬身弱方真，喜用土金生助日主。

只見大運一路行水木，壬癸甲乙，可知運逆走難行，至乙亥化木入局，貧無立錐，丙子運化水洩盡日元，貧病交煎破局矣。

三秋辛金

七月辛金，值庚司令，不旺自旺，且壬水居申，四柱不見戊土，胎元戊藏申內，為壬岸，人命得此，為官清正，但不富耳。

或有土無甲，為有病無藥，常人，有甲者，衣衿可望。或四柱金多，宜水洩之，若一金水，得一戊土，反為辛用，又宜甲制，自然富貴。或干支水多，重見戊土，逢生得位，福壽之造。七月辛金，壬不在多，故書曰，水淺金多，號曰體全之象，壬水為尊，甲戊酌用可也，癸水不可為用。

壬甲兩透，詞林

財	甲	午	殺
傷	壬	申	劫
	辛	卯	才
食	癸	巳	官

大運

癸酉 甲戌 乙亥 丙子 丁丑 戊寅

辛金生於申月，天干透壬癸水傷官，干透財星，食傷生財，如能身旺，便收得吐秀之才氣，但月令為申金自黨且為帝旺，故難論從，運仍以身弱極，月柱申金為用，喜土來生。

大運與土金無緣，一直行水木丙，了無生機，故應該是懷才不遇，入得翰林院，相信甚為困難，因為要出頭一定要天干為喜，並有地支的力量來作支持，只有地支的土金之氣，還是不足，中年後丁丑運較好，得火土之氣，但估計土途亦多波折。

八月辛金，當權得令，旺之極矣，專用壬水淘洗，故云金見水以流通，如見戊己，則生扶太過，故以土為病，見甲制土，方妙，無戊，不宜用甲。或四柱一點壬水，甲多洩水，此為用神無力，奸詐之徒，得庚制者，反主仁義，或三點辛金，一重壬水，多見甲木，有庚透者，主大富貴，不見丁為美，若見一丁，此人風雅清高，衣食饒裕而已。或一二比肩，壬甲皆一，無庚出干，亦有恩榮。若二三比肩，一點壬水，戊土多見，此為土厚埋金，此人愚懦，見一甲出，必為創立之人。

或一派辛金，一位壬水，無庚雜亂，又主富中取貴。或一派壬水洩金，無戊出制，為沙水同流，主奔波貧苦，若得支見一戊止流，其人頗有財略，藝術過人。或支成金局，干見比肩，無壬淘洗，此宜用丁，無丁必主凶頑無賴，若得一壬高透，以洩群金，又名一清到底，定有治國之材。或支成金局，戊己透干，壬透無火，名白虎格，運行西北，富貴大顯，子息艱難，或透丙火，雖有壬出，亦屬平庸。或一二辛金，一派己土，定為僧道，或干透己土，支見庚甲，一生安閒。或一派乙木，不見庚壬，為財多身弱，一見庚制，富貴可期。金生秋月土重，貧無寸鐵，六辛日透戊子時，運喜西方，陰若朝陽，切忌丙丁離位，庚辛局全巳酉丑，位重權高。

二人同命，一文舉，家貧，一武舉，家富

卩	食		卩
己	癸	辛	己
酉	酉	未	亥
比	比	卩	傷

大運

壬	辛	庚	己	戊	丁
申	未	午	巳	辰	卯

辛金生於酉金月，命中二己二酉和一未，土金強盛，身旺之命，得癸水食神而能疏通，支下有亥水傷官作根，因金能生水之故，行運金水俱佳。大運先來傷官坐申金，出身良好，未必有財，因原局和大運都無財，辛未，庚午運土金生水，少年仍能發揮，己巳運，以土濁水為忌，坐金而貧。至於一命配二人，各自有分貧富，這還須細究，其貧富之差距或其它人事，或時辰之分差異等等。

身強殺淺，辛日坐酉，丙官生印，太守

殺	丁	酉	比
卩	己	酉	比
	辛	酉	比
官	丙	申	劫

大運

戊	丁	丙	乙	甲	癸
申	未	午	巳	辰	卯

辛金生酉月，命中三酉坐地支三連氣，再加時支一申金，身旺無疑，天干有丁己之殺印透干，又見丙官合而不化，皆用之欠力，前運行土火，戊申，丁未，都欠佳，丙午火入局，可入官場，但仍然是任勞任怨，吃力不討好，但勝在內在門心強，忍耐力好，到第四柱大運乙巳，乙木偏才坐巳火入局，巳與原

局三酉化金，是財去財復來之象，但見土途起動，但暗地裡花費了很多的錢，甲辰正財合入原局，與甲己化土為忌，支下一辰合三酉化金，土金成大患，只能做個地方小官，易貪財化忌，反招耗散。

丁壬兩透，經魁（五經科舉第一名）

殺	丁	卯	才
卩	己	酉	比
	辛	亥	傷
傷	壬	辰	印

大運

戊	丁	丙	乙	甲	癸
申	未	午	巳	辰	卯

辛金生於酉月，四柱天干火土金水根氣通，土金稍強，以中和而身旺命論，天干壬水傷官高透，土金生水，聰明絕頂，大運早行丁未生應期，丁火與原局用神化木，支下亥卯未三合木局出天干，早年已是聲名遠播，少年得志，奪得科舉之冠，光耀門楣，乙巳運巳合酉化金，金生水木，亦為得志之運。

九月辛金，戌土司令，母旺子相，須甲疏土，壬洩旺金，先壬後甲，壬甲兩透，桃洞之仙，或壬透甲藏，又見者，平人，甲透，壬藏，戊在支內，異途之仕。或辛日甲月，壬水在支，有庚自能去濁留清，秋聞一榜，若戊戌月，即有甲在支亦否。總之土太多，甲不出干，莫問功名，一壬出，洗土助甲，雖不發達，富而可求。或土多無壬甲，時月多透丙辛者，略貴，加以辰字在支，則榮顯莫及。或木多土厚，無水者常人，或干上重見癸水，雖無淘洗之功，頗有清金之用，此命主富，辛苦。或己透無壬有癸，亦能滋生金力，衣衿之貴，但恐己多，不免濁富。九月辛金，火土為病，水木為藥。

壬丙俱透，尚書

官	丙	戌	印
印	戊	戌	印
	辛	未	卩
傷	壬	辰	印

大運

己	庚	辛	壬	癸	甲
亥	子	丑	寅	卯	辰

辛金生於戌月，全局中已有五個是土，一壬水虛浮而失用，入假專旺格，大運早年己亥，正印扶身有功，幼年生於良好家庭，官印相配，讀書好成績，庚子，辛丑運，有土金之勢，乃平穩向好，壬寅運傷官坐財，失運十年，癸卯運，喜見入原局與戊化火，支下亦卯戌雙化火局，火主官星入命，官至尚書，權傾朝野。

去濁留清，孝廉

印	戊	戌	印
傷	壬	戌	印
	辛	酉	比
印	戊	子	食

大運

癸甲乙丙丁戊
亥子丑寅卯辰

辛金生於戌月，土金勢眾，身旺之命，喜見傷官壬水，但干上二戊土濁水不清，大運早年行水木，運順家底好，尤以甲子運，正財坐食，日元得吐秀之功，名利早至，一生平穩進取，士途安穩。

用戊生金，用丙暖土

官	丙	戌	印
印	戊	戌	印
	辛	未	卩
殺	丁	酉	比

大運

己庚辛壬癸甲
亥子丑寅卯辰

辛金生戌月，火土金三行乘旺，身旺之極，但丙丁兩個火異黨透現，不入專旺而以正格身旺論，但命中無食傷，只得官殺，命局偏枯，行的運亦都以土金為主，平常庸碌之人，要到了壬寅，丁壬合木化財星入局，才有富貴可言，往後癸卯入局天地引化成火，又打回原形了。

三冬辛金

十月辛金，時值小陽，陽漸升，寒氣將降，先用壬水，次取丙火，壬丙兩透，金榜題名，何也，蓋辛金有壬水丙火，名金白水清，又在亥月故發。丙透壬藏，采芹之造，丙藏壬透，富有千金，壬丙在支，聰明之士。戊壬存柱，積蓄之人。或壬多無戊，名辛水汪洋，反成貧賤，戊多壬少，又主成名。或甲多戊少，因藝術而蓄金。若己多有戊，壬水被困，金被埋，不過誠實之人，或壬癸多無戊丙者，勞碌辛苦，十月辛金，先壬後丙，餘皆參用。

十一月辛金，癸水司令，為寒冬雨露，切忌癸出凍金，而困丙火，壬丙兩透，不見戊癸，衣錦腰金，即壬藏丙透，一榜堪圖。或壬多有戊，丙甲出干者，青云之客，若壬多無戊丙者，洩金太過，定主寒儒，或壬多，甲乙重重，無丙火者，貧寒。或支成水局，癸水出干，有二戊制者，富貴恩榮，無戊者常人。或支見亥子丑，干出比劫，無丙，名潤下格，富貴雙全，運喜西北，若無庚辛，又出甲乙，無戊丙者，必主僧道。或支成木局，有丁出干，又見戊者，功名特達，冬月辛金，須丙溫暖，方妙。

十二月辛金，寒凍之極，先丙後壬，丙不能解凍，無壬不能洗淘，丙壬兩透，金馬玉堂之客，壬丙俱藏，遊庠食之人，有丙無壬，富眞貴假，有壬乏丙，賤而且貧，或丙多，無壬，有癸，市中貿易之流。或水多，有戊己出干，又有丙丁，必主衣食充盈，一生安樂，十二月辛金，丙先壬後，戊己次之。

侍郎

才 乙 丑 卩
卩 己 丑 卩
　 辛 丑 卩
印 戊 申 劫

大運

戊子 丁亥 丙戌 乙酉 甲申 癸未

辛金生於丑月，支下三丑土成三連氣，天干戊己土透，土強勢生申金，一乙木虛浮盡洩，入假專旺格，其大運戊火先行，戊子運子合原局三丑，化成三個半土局，專旺命得到應期，生於上好之家，得父母之愛護，長輩之大力提攜，自小智慧好學，善解人意，少年丁亥，丙辛，都是火土主事，頗能伸展之運，至乙酉運，支下一酉合三丑化金，有力解乙才之忌，運仍有所伸展，甲申運甲入原局，合己化土，得支下三連之土氣助旺，申金亦配合原局時支，大發且貴顯。

用丁火，按察

殺 丁 丑 卩
食 癸 丑 卩
　 辛 卯 才
印 戊 子 食

大運

壬子 辛亥 庚戌 己酉 戊申 丁未

辛金生於丑土月，支坐二丑土，干透一戊，有水木在地支疏通，天干食神制殺，八字平衡中和，取其身略旺，大運先行傷官，壬子，辛亥，金水運，但多合化，力尚淺，平穩而已，庚戌運入局，卯戌化火透干，身旺行食神制殺，主年少有為，已具權威，身居按察之職。

先貧後富，且壽

	時	日	月	年
干神	殺		卩	才
天干	丁	辛	己	乙
地支	酉	未	丑	卯
支神	比	卩	卩	才

大運

戊	丁	丙	乙	甲	癸
子	亥	戌	酉	申	未

辛金生於丑土月，己土出干得承支下二土之根，支下卯未化木出天干，有乙木丁火透出，丑土司令下，身略旺，可用乙木偏才，喜補根以水木。

大運先行印運，早年艱辛，復行丁亥，支下亥水，亥卯未三合木局，生起天乙才，努力拼搏，可惜丁殺生偏印，力到運未到，丙戌運卯戌合火，官星結合且出干入局，勇者無懼，但有勇無謀，生偏印樹敵抗爭，乙酉運終顯其用，支下酉丑化金，經商買賣，財去又財來，甲申運甲己合土，土金入局，經濟困阻小人多，中年過後，癸未運才是真正全吉之運，未土入局未化木透干偏才即起，癸水再生之，富貴逼人來矣。

才旺生殺，制軍（編制軍隊總督）

財	殺		卩
甲	丁	辛	己
申	丑	卯	亥
劫	卩	才	傷

大運

癸	壬	辛	庚	己	戊
未	午	巳	辰	卯	寅

辛金生丑月，己土透干，支下亥卯化木，天干透甲木，生丁火七殺，身略弱之命，早行戊寅，己卯運，蓋頭截腳，好壞參半，運氣尚欠通順，庚辰運土金生助日主，時來運到，辛巳火土生金，官運亨通，再進一步。

論水

天傾西北，亥為出水之方，地陷東南，辰為納水之府，逆流到申而作聲，故水不西流，水性潤下，順則有容，順行十二神，順也，主有度量，有吉神扶助，乃貴格，逆則有聲，逆行十二神，逆也，入格者，主清貴，有聲譽，忌刑沖，則橫流，憂自死自絕，則吉。

水不絕源，仗金生而流遠，水流氾濫，賴土剋以堤防，水火均，則合既濟之美，水土混，則有濁源之凶，四時皆忌火多，則水受渴，忌見土重，則水不流，忌見金死，金死則水困，忌見木旺，木旺則水死，沈芝云，水命動搖，多主濁濫，女人尤忌之，口訣云，陽水身弱，窮，陰水身弱，主貴。

生於春月，性濫滔淫，再逢水助，必有崩堤之勢，若加土盛，則無泛漲之憂，喜金生扶，不宜金盛，欲火既濟，不要火多，見木而可施功，無土仍愁散漫。

夏月之水，執性歸源，時當涸際，欲得比肩，喜金生而助體，忌火旺而福乾，木盛則盜其氣，土旺則制其流。

秋月之水，母旺子相，表裏晶瑩，得金助則清澄，逢土旺而混濁，火多而財盛，木重而子榮，重重見水，增其氾濫之憂，疊疊逢土，始得清平之意。

冬月之水，司令當權，遇火，則增暖除寒，見土，則形藏歸化，金多，反曰無義，木盛，是謂有情，土太過，勢成涸轍，水氾濫，喜土堤防。

三春壬水

汪洋之象，能並百川之流，然水性柔弱，宜用庚金之源，庶不致汪洋無度，有庚丙戊三者齊透，科甲功名，或庚戊藏支，丙坐寅支者，亦有恩誥，即一庚透，貢監有之。

凡壬日無比肩羊刃者，不必用戊，專用庚金，以丙為佐。或見比劫，又有庚辛，此弱極複旺，又宜制伏，成透，可云科甲，戊藏，則是秀財，然必丙透不合，為妙。或支見多戊，又有甲出干，名一將當關，群邪自伏，主光明磊落，名重百寮。或支成火局，惜不逢時，主名利皆虛，文章駭俗。用庚者，土妻金子，用丙者，木妻火子，用戊者，火妻土子。

惜戊不出干，富而不貴

官 己巳 才
才 丙寅 食
　 壬辰 殺
卩 庚子 劫

大運

乙丑 甲子 癸亥 壬戌 辛酉 庚申

壬水生於寅月，支下子辰化水，丙坐寅木火之長生，有巳火配合，生起天干丙己火土，才官俱顯，身略弱而趨中和之命。

大運早行水木傷食透干，身弱尚未入運，癸亥，壬戌運，比劫助旺，才官得用，應該是富而且貴的，但才官印三奇生於身弱命，因才官印順生日主，故而較佳，估計是亥運合沖而不化，戌運辰沖，根基漸進而已，辛酉運丙辛化水，巳酉化金，化合後成蓋頭截腳，故而更富，卻少貴。

二月壬水，寒氣初除，有並流之象，不用丙暖，專取戊土辛金，二月壬水，先戊後辛，庚金次之。戊辛兩透，雁塔題名，戊透辛藏，亦有恩誥，或戊辛不透，有庚出干者，主富。或支成木局，有庚透者，金榜題名，在水，者異途之任。或木出火多，名木盛火炎，須比肩羊刃，尤宜水透，富貴恩榮，乏水者則否。或比肩重重，又須戊土，書曰，土止流水福壽全，若戊不見，名水泛木浮，一生辛苦，再行水運，落水身亡。或甲乙重重無比肩者，此依人度日，全無作為，若見庚辛，饑寒可免。

三月壬水，戊土司權，恐有推山塞海之患，先用甲踈季土，次取庚金。甲庚俱透，科甲定然，甲透庚藏，修齊品格，甲藏有根，可云俊秀，有癸滋甲，必主干城，獨甲藏支，必富，獨庚在柱，常人，無甲，剛暴之徒，乏庚，愚頑之輩。或時干透丁者，此為化合，助火而不助水，見丁未一理。或支成四庫，乏甲者，名殺重身輕，終身有損。凡水旺多見庚金者，乃無用之人，須丙制之方妙。

食神制殺格，提督

比	壬	申	卩
食	甲	辰	殺
	壬	辰	殺
食	甲	辰	殺

大運

乙	丙	丁	戊	己	庚
巳	午	未	申	酉	戌

壬水生於辰月，支下申辰捧三個水局，天干透壬，遇歲運子水來即捧出大應期，因此有這種多捧之命，其人的際遇是不平凡的。先看其命局旺弱，辰土三連氣佔局，土強勢眾，天干透二甲木，身弱命，當以壬水比星為用，喜其暗捧比局。

大運先行乙巳，丙午，丁未運，木火連環令身弱見洩，故而不喜，少年貧困運亦欠，要到申酉二運才有金作扶持，酉金合入原局本來化金印生水，可惜都被合住不化，庚運偏印來時，卻恐為之已晚，支下辰戌三沖，沖堤見險矣。本命之能捧起原局，雖然是大運不作扶持，但流年遇上子水，亦有權扭轉全局，故也不能抹殺其成就，又或者本命亦要作時辰較正，方能再入討論了。

三夏壬水

四月壬水，丙火司權，水弱極矣，專取壬水比肩為助，次取辛金發源，且暗合丙火，庚金為佐。壬辛兩透，金榜有名，或癸辛兩出，加以甲透，亦主異路之榮，無甲者，富貴門下之客。如無壬，木少火多者，又作棄命從財格，因妻致富，癸透者殘疾。或四柱多金得地，則弱極複强，須用巳中戊土，亦主名利雙全，或異途之貴，若見一甲藏寅，與己相刑，主有暗疾，名利皆虛，不能創立。或多甲乙，有庚出干者，貴，無庚者否。或支成水局，大貴。

三刑合局，制軍

比	壬	寅	食
傷	乙	巳	才
	壬	午	財
傷	乙	巳	才

大運

丙午　丁未　戊申　己酉　庚戌　辛亥

壬水生於巳月，支下雙巳一午，得二乙一寅木作強力助旺，火勢盤根，一壬水己無立足之地，入假從勢格。

大運順命格而行，初運即見丙午偏才坐根而來，早享富裕好境，父星偏才定為富商，丁未運更是少年得志，丁壬吉星化木，巳午未三會南方火局，少年已出應期，可謂得天獨厚，早負盛名，才華洋溢，戊己行官殺運，故而手執兵權，征戰沙場。

才旺生官，尚書

比	傷		傷
壬	乙	壬	乙
午	巳	申	巳
財	才	卩	才

大運

丙	丁	戊	己	庚	辛
午	未	申	酉	戌	亥

壬水生於巳火月，支下巳申兩見相合化水，壬水出干，本命因火和水連氣與化合關係，旺弱變得十分難判，必須理順水和火的真正旺度，方能判斷本命。首先，本命不能以從格計算，何解？若以身弱轉旺之命來計算：

運喜財官，喜忌同藏於月令，真神得用，喜雙透傷官乙木。

運中早行丙午，丁未，早年已生富戶，戊申，己酉運得官殺化權，官位高升，只因巳申化水和巳酉化金，土金水木順生有情之故。庚戌運，入原局合二乙化金，化喜成忌，兩個傷官被合去，貪合之過，運走下坡，辛亥運金水入命兼沖堤，一劫須渡而得平安，反而強水生木，旺起天干傷官，重出執政且大幹一番，壬子運生木之力更大，官運佳。若以身旺轉弱之命來計算，身弱命見火財佔早年初運，主早年貧苦，家境欠佳，戊申，己酉運來，身弱見官殺坐印，反覆高低起落之象，至庚戌運，庚金合原局二乙化金，生起壬水日主，運漸得進取，辛亥運一到即構成月柱沖堤，但有金生水，支下巳亥雙沖原局，政治爭鬥難免，局中合而解沖，可保不失，壬子運已入晚年，申子化水透干入局，幫身之力巨大，真正應期就落於此，真時也命也。

（如用本人的易氏「八字基因」APP程式，可以根據一套嚴謹的計算數值，謀程度比人腦計算精準）

土木交鋒，孤貧一世

才	丙辰	殺	
劫	癸巳	才	
	壬辰	殺	
比	壬寅	食	

大運

甲	乙	丙	丁	戊	己
午	未	申	酉	戌	亥

壬水生於巳火月，書中指是一個很差的劣命，看看其命如何，支下木土火全屬異黨，盜洩日元，身弱之命，二水在干又不能從，丙火出干更火上加油，幸有水制火而無大礙，故大運喜金水補根為急。

大運所見，早年少年乃至壯年，大運一直被木火土盜洩，可謂風雨飄搖，自小無依，年少孤貧，全無基礎可言，丙丁二運亦只虛花，乃至戊戌運七殺攻身，孤立無援，戊癸化火兼沖用神壬水，恐有身體內外殘缺之應。

五月壬水，丁旺壬弱，取癸為用，取庚為佐，無庚不能發水，無癸不能傷丁，五月壬水，辛癸亦可參用，其理與四月皆同。庚癸兩透，科甲必然，庚壬兩透，官居極品，有庚無壬癸者，常人。或支成火局，全無金水，名財多身弱，富屋貧人，若又甲乙多者，僧道之命。

庚壬兩透，才旺生官，尚書

卩	庚	午	財
比	壬	午	財
	壬	寅	食
印	辛	亥	比

大運

癸	甲	乙	丙	丁	戊
未	申	酉	戌	亥	子

壬水生於午月，支下寅午雙合不化，火三連氣被削弱，但亥水亦因合寅木不化，同樣被削弱，天干金水三透看似勢眾而強，但月令不生，亦欠助力，故命屬中和，仍以略弱判之。

但本命之大運表面一路都是金力弱，異黨佔先，無如乙酉運入原局後，即乙庚化金，得支下酉金配合，自攜化神應化，印星入局不但補根，更與天干上庚辛合作無間，應期於少壯早發官星大運，其後運卻平常，但在高位平定，即八字中和穩定，故無大礙。

太守

	時	日	月	年
	食		才	財
	甲	壬	丙	丁
	辰	寅	午	酉
	殺	食	財	印

大運

乙巳 甲辰 癸卯 壬寅 辛丑 庚子

壬水生於午火月，寅午火出天干，年月見丙丁之火，只有一個酉金躲於支下，被火圍困而失力，入假從格命，天干上食傷生財才，又坐月令之重根，易發福運之命。

看大運先行食傷坐才，童年已聰明絕頂，學習快，甲辰運，少年已才思敏捷，學有所成，癸卯運水木相生，沖年柱走遠方，要靠自己之實力，頗能順生食傷與財才，至壬寅運乃應期至，壬水坐寅木入局，與丁化木，寅木吉星合午火化才，干有偏才得以大用，登峰應期，官至太守。

六月壬水，己土當權，丁火退氣，先用辛金癸水，次用甲木劈土，六月壬水，先辛後甲，次取癸水。辛甲兩透，富貴清高，甲藏辛透，貢監生員，辛藏甲透，異途武職，甲壬兩透，無傷，有治國之貴，即甲藏壬出無破，是拾芥之財，或支多土火，又只清貧。或一派己土，此假從殺格，為人奸詐，且主孤貧，得甲乙出制可救，凡土居生旺之地，須用木制方妙。或支成木局，洩水太過，當用金水為貴，以金為妻，水為子。

三秋壬水

七月壬水，庚金司令，壬得申之長生，源流自遠，轉弱為強，專用戊土，次取丁火佐戊制庚，但用辰戌之戊，不用申中受病之戊，戊丁俱透，科甲生員，戊透天干，丁藏午戌，恩封可待，特忌戊癸化合，即支見寅戌，年出丁火，可許衣衿，或丁戊兩藏，富中取貴。

或四柱多壬戊又透干，名假殺化權，闈苑之仙，支中見甲，亦不忌也，但太多者，常人，有庚居申，頗有衣祿。或戊多而透，得一甲制，略貴，無甲常人，或一派甲木，又見火多，無庚出者，別祖離鄉，隨緣度日，蓋申中之庚，不能救也。七月壬水，裁用戊土，丁火為佐。

此用戊丙，按院（按察院巡按御史）

比　卩殺
壬壬庚戊
寅辰申寅
食殺卩食

大運
丙乙甲癸壬辛
寅丑子亥戌酉

壬水生於申金月，支下申金司令，天干透庚生壬水，坐長生之水，身旺能敵洩之造，須補干以木，食傷為喜。

大運早年印比劫，水多阻礙多，基礎不強，至甲子運食神透出入局，食神制殺，士途得威權，乙丑運乙庚化金生水，政敵來生事端，必有所困，丙寅運喜來沖忌，鬥爭決勝，才殺權位高升，丁卯晚年更佳，丁壬化木坐卯木，自由自在樂逍遙。

此身旺任才，丁戊俱透，尚書

才 丁亥 比
比 戊申 比
　 壬辰 財
劫 丙午 印

大運

丁未 丙午 乙巳 甲辰 癸卯 壬寅

壬生於申金月，壬水長生，支下亥水作輔助，但有午火生辰土為根，丙丁火均透干生戊土，財殺力，身旺轉弱。

大運財傷早見，生起了七殺，父有財勢，為官家子弟，至乙巳運巳申化水，乙木傷官乘旺，身旺為喜，入士之途，到了癸卯運，亥卯化木，官場之路穩妥，中年後壬寅運方入應期，壬合局中丁化木，寅亥又合，天地合德，化財生殺，位至尚書，且手握生殺大權。

此用辰中戊土，依人而富

劫	癸	酉	印
卩	庚	申	卩
	壬	辰	殺
印	辛	亥	比

大運

己	戊	丁	丙	乙	甲
未	午	巳	辰	卯	寅

壬水生於申金月，長生水透干見癸，支坐亥水，金旺生水之局，全局為印星所佔，一殺辰土生金耗洩而盡，身旺極而入假專旺格。

大運早見己未土連根，土生金乘旺，出身官宦之家，少年戊午財入局戊癸化火，財來破印，恐因財惹禍，至丁巳運丁壬合住，巳申化水，平穩向好之運，丙辰運局中丙辛化水，支下合酉化金，金水順應，天地合德，運至高峰。

八月壬水，辛金司權，正金白水清，忌戊土為病，專用甲木，甲木一透制戊，壬水澈底澄清，名高翰苑，若甲出時干，功名顯達，設見庚破，又屬常人，即甲藏支，無庚，秀財可許。

或天干有壬，支見申亥，此非用甲，戊土作用，亥雖有甲，又有申中之金制甲，秀財一定，且富足多財。或無戊，多金水者，主人清財濁，困苦寒儒。無甲用金，發水之源，名獨水三犯庚辛，號曰體全之象。八月壬水，栽用甲木，庚金次之，用甲者，水妻木子。

龍虎拱天門，又曰壬趨艮格，探花

劫	癸	酉	印
財	丁	酉	印
	壬	辰	殺
比	壬	寅	食

大運

丙	乙	甲	癸	壬	辛
申	未	午	巳	辰	卯

壬水生於酉金月，地支年月雙酉，辰酉合而不化，天干透壬癸水，八字金水佔局，可知身旺，命中財星被合，支下一寅食神待補干。

大運甲午，甲為補干之用神，彌補了天干之財，本運支下午火坐根，入局寅午化火，即出應期，高中探花。而早年亦可看其行才傷之運，故其基礎亦不算差。

印旺身强，富大貴小

比	壬	子	劫
官	己	酉	印
	壬	子	劫
卩	庚	戌	殺

大運

庚戌　辛亥　壬子　癸丑　甲寅　乙卯

壬水生於酉月，支下雙子水出干透壬水，庚金坐酉根來生旺日元，身旺不從之造，主要是官生印比旺，沒有疏通之甲木，而大運前半段行金水自黨，艱苦經營，要到甲寅運，甲己合官星，不生反制印比，連根之木入局，發揮所長，有權位與才能，還須好把握，否則下運乙卯化而走下坡。

身旺無依，一生貧苦

才	丙	子	劫
財	丁	酉	印
	壬	子	劫
官	己	酉	印

大運

戊戌　己亥　庚子　辛丑　壬寅　癸卯

壬水生於酉金月，八字地支兩子兩酉，金水相生，日主壬水得到助旺，身旺之命，天干喜見有丙火生己土才官，可惜無根，這暗示其人虛有才華。

觀其大運一路上全無火根可補，故而貧困，早年行戊己官殺運，但命中金多，有志難舒，庚子運更是頭頭碰著黑，失財損運又多小人，辛丑運金多重病，乏善可陳，廿年的應期惡運，命主如能過渡的話，到得中年壬寅運，便有轉機，丁壬原局化木，借支下寅木，金水生木，順生有情，主必轉營成功，因此書中指其終身貧苦，實過於武斷。

庚甲兩透，詞林

卩	傷		食
庚	乙	壬	甲
午	酉	子	辰
財	印	劫	殺

大運

丙	丁	戊	己	庚	辛
戌	亥	子	丑	寅	卯

壬水生於酉金月，天干庚金合乙化金，金強生壬子水，日元可謂當時得令，身旺乘權之命，喜見甲木食神出天干吐秀，主有氣質才華，支下更子辰化水來生助，吉星高照。

大運早見丙丁才財之火，坐殺坐比，家境尚好，才智通達，戊子運有機會入士，己丑運官星坐根而來，能發行政管理之運。

九月壬水，九月壬水進氣，其性將厚，若一派壬水，見一甲，制戌中之戊，戊又出干，斯用丙火，此格清貴極矣，正合一將當關，群邪自伏，或不見丙戊，亦不為妙。或一派戊土，無一己庚雜亂，得一甲透時干，玉堂清貴，即甲透月上，亦主科甲，若支藏己土，一榜可圖，或庚乏丁，貧賤之人。或丁透見甲，略貴。或水多乏丙者，又用戊土，常人。九月壬水，裁用甲木，次用丙火，用土者，火妻土子。

身旺官旺，又得丙透，參政

才	丙	寅	食
殺	戊	戌	殺
	壬	戌	殺
印	辛	丑	官

大運

己	庚	辛	壬	癸	甲
亥	子	丑	寅	卯	辰

壬水生於戌月，月柱戊戌通根，支下三土乘旺，丙火坐長生，食神生偏才，身弱極之命，最喜時干辛金坐丑土，官印相生，殺雖眾，但有印化，乎合命書所云「眾殺猖狂，一仁可化」之理，亦即易氏格局中的「滿盤異黨見印格」。

大運一路走官印比劫之途，庚子運少年時期，已是才華早見，子丑合土，生金印旺，父母有力作大扶持，讀書必有好成績，辛丑運順風順水，可謂扶搖直上，暢通無阻，至壬寅平平無奇，一到癸卯，癸水入原局合戊化火，支下卯木合雙戌火，天地自引化，忽掌三殺之位，假殺為權，人皆畏懼，但重火燒熔辛金用神（財破印）通關之戊土被化去，（貪合忘恩），此功高蓋主之象，恐有破局之應。

支戌四庫，一甲透時，太史

印	殺		食
辛	戊	壬	甲
丑	戌	戌	辰
官	殺	殺	殺

大運

丁	丙	乙	甲	癸	壬
酉	申	未	午	巳	辰

壬水生戌月命，支下四土連氣，成雜氣財官，透戊土七殺，殺旺攻身，非印不能化解，除非入從殺格，順殺之氣而行，本命有一粒辛金透干，並不虛浮，因有眾殺之生旺，這跟前命相若，身極弱以一印化眾殺。

大運前行財才傷食，火木在前，早行丁酉，丙申，火下坐金之運，早年家沒餘錢，乙未，甲午，食傷洩氣，都不會是好運，癸巳運更是化火成忌，剋入命局正印而危，真的要行到後面，壬辰運才有起色，辛卯運終於印星生扶了，但已是人到晚年，因此，本命如真的能入得從勢格，才會按大運方向，一路順行佳運。

三冬壬水

十月壬水司權，至旺之極，取戊為用，若生辰日，干又見辰時，必須戊透，又須庚制甲，不傷戊土，戊庚兩全，定主登科及第，位顯權高。或甲出制戊，不見庚救者，斷之困窮，戊藏無制，可許生員，或戊庚兩透無甲者，亦主榮顯。或支木局，有甲乙出干，得庚透者，富貴，無庚者，平常。或支成水局，不見戊己，名潤下格，運行西北，大富貴，行東南者，必危。或丙戊兩透，行火土運，名利雙全，或有丙無戊，可云衣祿，有戊無丙，難許推盈，十月壬水，專用戊丙，次取庚金。

得庚制甲，會元

卩　財卩
庚壬丁庚
戌戌亥子
殺殺比劫

大運

癸壬辛庚己戊
巳辰卯寅丑子

王水生於亥水月，支有子水，干透二庚，金生旺水，雖有丁壬化木，但支下二殺力在生印，故而判為身旺之命。

庚寅運，庚入命與二偏印連氣生旺日主，支下便寅亥化木，雖在支能補日主之根，至水木相生，故有所作為，而辛卯運亦是，卯戌雙合原局戌土化火，從日合透出得用，只是二運俱有印星金蓋頭，故有反覆亦不足為奇。丁壬運得化木，子辰又合化成水局，水木出干吐秀有功，功名終得順暢了。

支見亥子，四柱無戊，旺盛無依，為僧

比	印		印
壬	辛	壬	辛
申	亥	子	亥
卩	比	劫	比

大運

壬	癸	甲	乙	丙	丁
子	丑	寅	卯	辰	巳

王水生於亥月，全局都是金水二行，真專旺格命，大運早年行壬子，日元順得生助，雖然說是個僧人，但早運出身卻十分之好，癸丑運少年仍佳，甲寅，乙卯，食傷都是連根進入命局，真專旺遇著非常大的洩氣之力，因與現實環境的俗氣相違，從而拋開世俗，跳出五行，追求無欲無求的佛家之路。

十一月壬水，陽刃幫身，較前更旺，先取戊土，次用丙火，丙戊兩透，富貴榮華，有戊無丙，略可言富，有丙無戊，好謀無成。或支成水局，丙不出干，即有戊土，亦係庸人，或丙透得所，即戊藏支，亦可顯達，須運得用方妙。或支成火局，一富而已。或比見月時，年見丁火，平常之輩，支成四庫，富貴中人，或丁出時干，名為爭合，主名利難成。或壬子日，丁未時，雖不能科甲，亦有恩榮，何也，蓋用子中癸水為宮，號曰用神得地，亦主榮華。十一月壬水，丙戊並用。

天元一氣，殺旺得地，侍郎

比	壬	寅	食
比	壬	子	劫
	壬	寅	食
比	壬	寅	食

大運

癸	甲	乙	丙	丁	戊
丑	寅	卯	辰	巳	午

壬水生於子月，年日時三柱都是壬寅，這是一個非常特別的命，有非一般的天干地支配置，在古書中視為天元一氣之命格。若按正五行分析，寅木三連氣，而月令壬子水主月刃臨身，壬水三坐帝旺超級強根，主身旺命，支下三木作為吐秀的吉星，只要歲運補干見木，即生應期。

本命之大運，少年已得到甲寅，乙卯這兩個連根之食傷木運，故而早出應期，名揚四海，才華蓋世，中年得丁巳運，丁火以一合四壬，化木補干，又是另一應期，當運之時，但見地支巳火入局刑三寅，書云身旺不怕形，故在盛運中抱病，並無大礙。

飛天祿馬格，尚書

比	比		食
壬	壬	壬	甲
子	子	子	辰
劫	劫	劫	殺

大運

癸	甲	乙	丙	丁	戊
丑	寅	卯	辰	巳	午

壬水生於子水月，這個命五行配置亦很特別，年月日三柱都是壬子，三壬自坐帝旺，再合三個子辰水局，身旺已極，甲木虛浮，本來可判定為專旺之命，但甲辰時柱有兩個是異黨，即使合了，但專重合化原則，依然作正格身極旺命來看待。

大運一路都是行順運，即食傷才財和官殺，木火土大都是連根連氣，故運勢甚好，甲寅，乙卯，食傷連根入局雙應期即生，吐秀有功，聰明絕頂，丙辰，丁巳運更是發富發貴，但戊午運入原局，引動了人月時三重天剋地沖，且有沖無合，幸命中有甲木食神制殺，故有驚無險，不至破局，但時代之動蕩亦在所難免。

十二月壬水，旺極複衰，何也，上半月癸辛主事，故旺，專用丙火，下半月己土主事，故衰，亦用丙火，甲木佐之。有丙解凍，名利雙全，丙透甲出，科甲之貴，然四柱無壬方妙，無丙，單寒之士。

或四柱多壬，戊透制之，衣衿可望。或丁出時干，化合成木，月干又見丁火，無癸破格，亦主富貴。或支成金局，不見丙丁，名金寒水冷，一世孤貧，見火略可，即丙透遇辛，亦不為妙，見丁頗吉。臘月壬水，先取丙火，丁甲為佐，故水冷金寒愛丙丁，用火者，木妻火子。水旺居垣須有智，水土混雜必愚頑，壬癸路經南域，主健，富貴堪圖，又云，帷有水木傷官格，財官相見始為歡。

三春癸水

正月癸水，值三陽之後，雨露之精，其性至柔，先用辛金，生癸水之源，次用丙火照暖，名陰陽和合，萬物發生，辛丙兩透，金榜有名。

或支成火局，辛金受傷，有壬出救者，富貴，無壬者，貧窮，或丙出天干，辛在酉丑，亦有衣衿，若辛丙皆無，貧寒下格，或辛透丙藏，恩榮之造，丙辛在柱，以富得官。或戊透月上，坐辰時，不見比劫，丙丁出干，此為化合，定主腰金，見刑沖，則否。或支成水局，宜有丙透，無壬者，衣祿不少，若見丙火重重，又作貴推。

正月癸水，辛金為主，庚金次之，丙亦可少，若無庚辛，雖有丙火，無用之人，或火多土多，殘疾不免。用辛者，土妻金子。

二月癸水，不剛不柔，乙木司令，洩弱元神，專用庚金為用，辛金次之，庚辛俱透，無丁出干者，貴由科甲，無庚辛者常人。或庚透辛藏，榮封有准，庚藏辛透，亦有衣衿，庚辛兩藏，富中取貴，或刀筆揚名，或庚辛重見，有己丁出干者亦貴。或支成木局，月時又見木者，為洩水太過，定主貧困多災，即運入西方，亦屬無用。

水木傷官，又名飛天祿馬格，方伯

時	日	月	年
比		比	才
癸	癸	癸	丁
丑	亥	卯	未
殺	劫	食	殺

大運

壬	辛	庚	己	戊	丁
寅	丑	子	亥	戌	酉

癸水生於卯木月，支下三合木局不化，癸水三透坐下亥水，身略旺，見才星高透，有待補根，大運早年行印劫之運，未得功名，己亥運機會到來，七殺

力尚淺，根基未厚，一入戊戌運，天地合德，同化成大火，戊癸，卯戌天地化合，應期立見，官居高位，勢不可擋。

用丑中辛金，又丁火出干，侍郎

才	比		比
王	癸	癸	癸
亥	卯	卯	丑
劫	食	食	殺

大運

丁戊己庚辛壬
酉戌亥子丑寅

癸水生於卯木月，八字全局水佔其五，自黨橫行，用雙卯木來洩，真神得用在月令，身旺用木火土，大運早年行王寅，入原局合丁化木，支下有根，少年出英雄，亦個天才，其後行金水運，廿載艱辛路，至中年戊戌，合入原局三癸化火，支下卯戌雙合，財生旺殺，時運大利，官運亨通。

庚辛兩透，位至閣老（宰相尊稱）

印	殺		印
庚	己	癸	庚
子	卯	酉	申
比	食	卩	印

大運

乙甲癸壬辛庚
酉申未午巳辰

癸水生於卯月，此造據說為明朝，被海瑞十奏的嚴嵩，是一個命運頗為複雜的政治人物，一生中前後幾番大起大落，權傾朝野又傾家蕩產，富貴浮雲一場空，謀害忠良卻保得一命，其八字何以致此呢？且來看看。

本命月日柱天剋地沖，支下子卯酉，若歲運遇午即填實成四正對沖，是以其命先天失調和，暗藏殺機者，本命身旺透殺，食神不出干，故要待補干方吉。大運早年身旺行金印，體弱艱辛，壬午運，午火入局本喜，但與原局構成了四正對沖，一病不起，十年後卯未化木，亦是喜而不喜，甲申運至，甲己合土，七殺犯忌，運有上落。

三月癸水，要分清明穀雨，清明後，火氣未熾，專用丙火，為陰陽合諧，穀雨後，雖用丙火，尚宜辛甲佐之，如辛卯，壬辰，癸未，丙辰，生上半月，用丙火，顯達，生下半月，必無傷辛金癸水方妙，然丙亦不可少，用丙，木妻水子。

三月癸水，從化者多，得化者榮祿，不化者平常。或支成水局，又見己土，無木，乃假殺格，有甲出者，常人。或支坐四庫，又得甲透，可謂顯達名揚，無甲者僧道孤苦。或支成木局，無金，名傷官生財格，主聰明博學，衣祿充饒。

三月癸水，辛甲皆酌用，下半月，土妻金子。

用辛無丙，辛金得所，倖人（帝王寵幸的倖人）

才	比		卩
丁	甲	癸	辛
酉	辰	亥	酉
卩	官	劫	卩

大運

癸	壬	辛	庚	己	戊
卯	寅	丑	子	亥	戌

癸水生於辰月，支下辰酉合金出干見辛金，坐酉強根而身旺，喜見甲木生丁火，傷官生才為用，大運行癸卯，壬寅，水木順行，癸卯運水生旺木為喜，出身頗佳，丁寅運壬水合入原局化木，支下寅木坐根，日坐亥水得生，運氣高升，入宮之時，往後辛丑，庚子，己亥運，一路上土金水逆運，乏善可陳。

上半月生，官至總兵，下半月生武舉

才	劫		傷
丙	壬	癸	甲
寅	辰	巳	寅
傷	官	財	傷

大運

癸	甲	乙	丙	丁	戊
巳	午	未	申	酉	戌

癸水生於辰月，丙火自坐長生，支下有巳火，寅木兩見，甲木又透，水弱

已極，一王浮干洩氣失用，身弱極而入假從格。

大運早年行食傷坐財才，甲午早生應期，甲木入局自坐午火合雙寅化火，少年運勢已見高峰，往後乙未，食神制殺，威權勇武，發揮顯用，運至戊戌，土旺官星，戊癸化火為財，火土相生，貴為總兵，手握兵權。

生下半月，出將入相

官	戊午	才
財	丙辰	官
	癸丑	殺
卩	辛酉	卩

大運

丁	戊	己	庚	辛	壬
巳	午	未	申	酉	戌

癸水生於辰土月，支下酉丑合而化金，干透辛金，天干透土，得主氣，丙午火土，身弱命，大運取用金水印比為佳，初運丁巳，巳酉丑三合金局，天干透才，經濟不穩，戊午，火土連根，屈居人下，漸入佳境，因己土生辛金，官殺生印，漸露頭角，己未運七殺連根入命，假殺為權，殺印相生，早得權位，成就功績，庚申，辛酉，連續廿載用神大運，到了應期，連根之正偏印入命，風雲際會之時期，位居領導國家之政要。

才資殺格，駙馬

財	丙	寅	傷
劫	壬	辰	官
	癸	丑	殺
財	丙	辰	官

大運

癸巳　甲午　乙未　丙申　丁酉　戊戌

癸水生於辰月，支下三土連氣而生，官殺旺，壬水入墓，虛浮，身弱已極，入假從勢格，文中指本命特別處為一國之駙馬，這當看其出身、妻宮和妻星有何配置，見妻宮坐連氣之強盛七殺，可知妻系背景顯赫權勢，再看丙火透為財，亦喜神，能生旺用神官殺。

大運一路順走佳境，少年才氣已見，甲午，乙未，名士當運，丙申，丁酉，都行正偏財妻星當用，只是其運支下坐申酉金，因此本身成就不是很大。

二夏癸水

四月癸水，喜辛金為用，無辛用庚，若辛高透，不見丁火，加以壬透，主科名榮貴，聲播四夷，若有丁破格，貧無立錐，有壬可免，辛藏無丁，貢監衣衿。

或一派火土乏辛，即有巳庚，亦不能生水，又無比肩羊刃，必至熬乾癸水，損日無疑，若壬兩透，洩制火土，名劫印化晉，極貴之造，有丁見干者，則否，如有庚無壬，亦無丁破金者，堪入儒林，有庚無辛者，異路功名，總之四月癸水，專用辛金方妙。

辛透庚藏身强殺旺，方伯

傷	甲辰	官
殺	己巳	財
	癸酉	卩
卩	辛酉	卩

大運

庚午 辛未 壬申 癸酉 甲戌 乙申

癸水生於巳月，支下巳酉雙化金局透辛金，金氣強盛，真神坐落於月令巳火中，尤喜天干甲己合土得化，辰土為根，身旺同時得財生官之力，早年金水多而不順，中運後入了甲戌運，應期是甲己合土，支坐戌土強根，官星得大用，一登龍門，升價十倍矣。

才旺生官，尚書

傷	甲	寅	傷
殺	己	巳	財
	癸	酉	尸
比	癸	亥	劫

大運

庚午　辛未　壬申　癸酉　甲戌　乙申

癸水生於巳月，地支柱柱通根，甲寅，己巳，癸酉和癸亥，上下氣協流通，干上甲己合土，支下金水合住不化，故而略弱，身弱之命，前半生全是金水大運，幼年庚子運即出身份貴顯，壬申，癸酉運，更是連續生應期，金水旺起其本命，能領受官星之權位。

五月癸水，至弱無根，必須庚辛為生身之本，但丁火司權，金難敵火，安能滋養癸水，宜見比劫，方得辛金之用，五月癸水，庚辛壬參酌並用可也。

如庚辛透干，又見壬癸者，定主鍾鼎名家，或有金透，支見申子辰者，亦主金榜掛名，或無水出干，支只一水，雖有庚辛，一富之造，故曰，水源會，富重貴輕，又曰，金水會夏天，富貴永無邊，運行火土地，快樂似神仙。或支成炎局，無壬出干，定主僧道，或二壬一庚同透，衣錦腰金。或一派己土，無甲出制，此作從殺而論，又主大貴，凡從殺者，切不可破格方吉。

六月癸水，有上下月之分，下半月庚辛有氣，上半月庚辛休囚，凡六癸日，多不驗者，何也，俗士不知此理，因未中有乙巳同宮，破而不破，故癸水不能從殺，所以專用庚辛，如上半月金神衰弱，火氣炎烈，宜比劫助身，可云富貴，與五月一理，下半月庚辛有氣，即無比劫亦可，又忌丁透，即丁在支亦不吉，其生剋制化，與五月略同。

下半月庚辛得地，宰輔（宰相的別名）

才	乙	酉	比
比	癸	未	比
	癸	未	財
劫	庚	申	印

大運

壬午　辛巳　庚辰　己卯　戊寅　丁丑

癸水生於未土月，地支雙未，土金相生，庚金出干坐根於申酉金，殺來生印，身旺命，大運早年行辛巳，支下巳酉合入原局化金局，庚辰運庚入原局合乙化金，支下亦辰酉化金，少年平庸運一般，己卯運亦七殺生印，士途起落平常事，終得權位，戊寅運入局，官星戊癸雙化火，傷官生財，官運高升，當時得令。

上半月，庚辛尚弱，知州（各州行政長官）

殺			財
己	辛	癸	丙
未	未	未	辰
殺	殺	殺	官

大運

庚	己	戊	丁	丙	乙
午	巳	辰	卯	寅	丑

癸水生於未土月，支下三未土作三連氣，出干見己土，七殺強盛，天干辛金，一仁可化，天干三行順生財殺印，身弱以印星為大月神。大運早行土金官印相生之運，讀書有成，早有士途，很早便當官，丁卯，丙寅運，財星為主，支下食傷，非命所喜，但入局火土生金，印星仍得用，當個清官，資財缺乏。

三秋癸水

七月癸水，正母旺子相之時，癸雖死申，殊不知申中有庚生之，名死處逢生，弱中複強，即運行西北，亦不死也，但庚司令，剛鋭極矣，必取丁火為用，或丁透有甲，名有焰之火，必主科甲，或丁透無甲，又無壬癸，即有一二庚金，亦有生監，有二丁更妙，或金多乏丁制者，貧困之人。　或一丁坐午，名獨財格，主金玉滿堂，富中取貴，若在未戌，則是常人，或柱見二戌二未，又得丙丁藏支，干見甲出，無水，亦作富貴而推。

八月癸水，辛金虛靈，非頑金可比，正金白水清，故取辛金為用，丙火佐之，名水暖金溫，如丙與辛隔位同透，主科甲功名，或丙透辛藏，一榜之士，或土多剋水，生意中心，八月癸水，丙辛皆用。

傷官生才格，丁甲兩出，位至尚書

才	丁	酉	卩
官	戊	申	印
	癸	卯	食
傷	甲	寅	傷

大運

丁	丙	乙	甲	癸	壬
未	午	巳	辰	卯	寅

癸水生於申金月，支下申酉金生水氣，有甲寅卯三木生火土，異黨略強，中和而略弱的命，大運卻無金水和異黨運，欠缺助力，須較正時辰方能解讀。

丁火得位，大富壽考，子貴

官	戊	午	才
印	庚	申	印
	癸	未	殺
食	乙	卯	食

大運

辛	壬	癸	甲	乙	丙
酉	戌	亥	子	丑	寅

癸水生申月，命中庚金坐月之主氣，土生金，印星強旺，喜乙木坐卯根，出干得用，大運早年辛酉重印連根，環境欠佳，體弱，癸運水木相生，支下亥卯化木，食神得力，運順發展，往後行木運，自由買賣，順風順水，至丙寅運財星丙火坐寅木得長生，財源滾滾。

火無力，又被辛合，身旺無依，貧僧

卩	辛	酉	卩
財	丙	申	印
	癸	酉	卩
卩	辛	酉	卩

大運

乙	甲	癸	壬	辛	庚
未	午	巳	辰	卯	寅

癸水生申月，支下酉金三連氣，天干又透二辛金，偏旺極，天干一丙獨透，喜見丙辛化水，全局金水入假專旺格。但書中說此為一貧僧，與本命之人際遇有很大出入，此命之人應為一有錢商人，或名人方合。

乙庚化金以助辛，太守

時	日	月	年
財		食	印
丙	癸	乙	庚
辰	亥	酉	寅
官	劫	卩	傷

大運

丙	丁	戊	己	庚	辛
戌	亥	子	丑	寅	卯

癸水生酉月，乙庚化金，金水生旺，時干丙火透干，寅木遙生丙火財星，大運丙戌，財官俱為喜用，初年生於富貴雙存之家，本身亦幼乘庭訓，丁亥運寅亥合木，聰明開朗，戊子運，子辰化水運仍有進取，至庚寅運，乙庚合金，寅亥卻因生酉月不能合木，故此運阻滯不前。

金水多，丁透丙藏，四柱不雜，福壽綿長

時	日	月	年
比		才	卩
癸	癸	丁	辛
亥	巳	酉	酉
劫	財	卩	卩

大運

丙	乙	甲	癸	壬	辛
申	未	午	巳	辰	卯

癸水生酉月，巳酉雙合化金，辛金出天干，生起癸亥水，日主旺極，丁火

浮見，入專旺格。初運丙申，丙辛入局而化長生水，出生富戶人家，少壯木運，未能出頭，人欠才華且無讀書緣，至癸巳運，支下巳酉雙合原局化金局，生起天干癸水出應期，時來運至，吐氣揚眉。

九月癸水，失令無根，戊土司權，剋制太過，專用辛金發水之源，要比肩滋甲制戊方妙。或辛甲兩透，支見子癸，定主平步青云，或癸甲兩透，富貴成名，或有甲辛無癸者，亦有恩封，或有甲癸無辛者，富大貴小，有甲無癸辛者，常人，二者俱無，貧賤之格。或有甲見壬者，頗許衣衿。九月癸水，辛甲並用。

食神生才格，總督

比	癸亥	劫
財	丙戌	官
	癸卯	食
傷	甲寅	傷

大運

乙酉　甲申　癸未　壬午　辛巳　庚辰

癸水生於戌月，卯戌合而化火，寅卯與寅亥他木出干見甲木，木火通明之命，更見癸亥年柱，全局干支柱柱通根，是為佳命，此命判斷之關鍵，從與不從，命中有兩個自黨，自當不從，但偏偏亥水合化成了木，這又似從，事實上此命跌入了從與不從之間，很須要看看大運，以作對証。

大運癸未，壬午和辛巳，這三個運看看能否出頭便知，癸未運，干水支化木，水始終生甲木，是佳運，壬午運，壬水坐午火入局，午與原局作合，午戌及寅午化火，生起天干丙火正財，而壬水則負責生甲旺火，此運計算雖複雜，但可以看出其命屬從格，並且以異黨傷財為喜。

甲辛俱無，為人奴僕

劫	壬	辰	**官**
印	庚	戌	**官**
	癸	丑	**殺**
比	癸	亥	**劫**

大運

辛	壬	癸	甲	乙	丙
亥	子	丑	寅	卯	辰

癸水生於戌土月，是個低微的下人，且看看其命局配置關係，支下有三土官殺之制，但水亦不弱，時透癸亥天干壬水，庚金坐戌月令得透餘氣，可生旺壬癸之水，但身始終略旺，大運早年，辛酉，壬申自黨運，阻塞不通，書少讀、欠才能，要到甲午運才能安穩，即使是奴僕，亦有機遇，總算能當個大戶管家。

三冬癸水

十月癸水，旺中有弱，何也，因亥搖木，洩散元神，宜用庚辛為妙，得庚辛兩透，不見丁傷者，功名有准。或支成木局，有丁出干，為木旺火相，制住庚辛不生水，必主清寒，或成木局，干見丙丁，異路之榮。或一派壬水，不見戊制，名冬水汪洋，奔波到老，若得戊透，清貴堪誇。或一派庚辛，得丁出制，主名利雙全，若不見丁，又主貧薄。或四柱火多，名財多身弱，富屋貧人。

天元一氣格，惜無火土

比	比		比
癸	癸	癸	癸
卯	亥	丑	亥
食	劫	殺	劫

大運

壬	辛	庚	己	戊	丁
戌	酉	申	未	午	巳

癸水生於亥水月，如從氣勢觀，水佔大半江山，身旺明矣，卯木丑土，兩個異黨無足輕重，但不能入專旺，身弱極，急補干以木，土來補干則犯旺招凶危，故而不取。

大運初行辛酉，庚申，忌神重金連根而至，全局身旺無依，即使命主過得此運，己未運亦無以為計，此運七殺雖來補干，但卻引發土水相戰，禍事頻頻，實為苦命之人。

飛天祿馬格，進士

劫	卩		劫
壬	辛	癸	壬
申	亥	亥	子
印	劫	劫	比

大運

壬	癸	甲	乙	丙	丁
子	丑	寅	卯	辰	巳

癸水生於亥水月，全局皆水，年支更有申金作長生之力，真專旺格無疑，見其大運早年行壬子，少年癸丑，可謂得天獨厚了，甲寅、乙卯運，食傷運入局，亦無所礙，真專旺命可以食傷透氣，反而可作疏通，成為一個讀書人，運至丙辰，丙入原局合辛化水，支下則申子辰三會北方水局，大應期入命，富貴無雙。

十一月癸水，值冰凍之時，金水無交歡之象，專用丙火解凍，庶不致成冰，又要辛金滋扶，無丙有辛，不妙，凡冬季癸水，有丙透解凍，則金溫水暖，兩兩相生，要不見壬透，自然登科及第，紫誥金章。或一派壬水，無丙出干，寒困之士，一派癸水，孤賤之流，或支成水局，得丙火重出干者，又主蟒袍玉帶之榮。或支成金局，丙火無蹤者，芒鞋革履之流。如辛年，丙月，癸日，有火者，主恩榮寵錫，繞膝芝蘭，無火者，損資得貴，位重當朝。或一派戊己，名殺重身輕，非貧即夭。用火者，木妻火子，用辛者，土妻金子。

十二月癸水，寒極成冰，萬物不能舒泰，宜丙火解凍，或丙透年時，加以壬透，支中多戊，名水輔陽光，主顯達名臣，無戊者，異途之職，若有丙無壬，黌門之客，有壬無丙，戊又出干者，皂隸之流。

或支見子丑，比肩出干，即有丙透，不能解凍，此屬平常，或無癸水，有辛與合，亦不為美，有丁出，頗吉。或一片癸己會黨，年透丁火，名雪後燈光，夜生者貴，日生者否，若無丁火，又主孤貧。或支成水局，無丙者，四海為家，一生勞苦。或支成火局，有庚辛透者，衣食充足，無金出，孤苦零丁。或支成金局，丙透得地，名金溫水暖，彼此相生，定許光大門閭，聲馳翰苑，乏丙者，即文章駭世，總為孫山。或支成木局，洩水太過，主殘病呻吟，得金出干輔救，技藝之流。凡冬月用丙，須丙火得地方妙，不然，即重重丙火出干，安能輕許富貴哉。

後記：

本書寫到這裡，已告一段落，這樣說是暗示還有後續嗎？是的，作者在寫本書的期間，一邊寫，一邊反思，好不容易才寫完，但實際上卻未算完成，何解呢？在書的前面提過，筆者主張採用「正五行」論吉凶成敗，以「調候法」來調節身心平衡，但在本書內文註釋過程中，發覺很不容易，受到很多原文上的限制，不能暢所欲言，故而書中調候法之調節身心平衡學理，只能作很有限的傳譯。筆者相信，保持原著精神，不作大程度的破釋，是個較好的做法，因此作者便有了另立專書的念頭，打算寫一部：五行形象圖說。說到五行形象圖的理論，在筆者的「八字基因」和「六神通識」二書裡，都略有透露過，就是以一個八字的五行分佈，以形象繪制出來，這樣便形成一個很全面的調候畫面，而筆者也深信，只有這樣方能令調候法更趨完整。

除了五行形象圖外，還有另一個至為重要的課題：調節身心平衡，亦即主動調整命中欠缺或不足的五行，以改善命運，這和作者的「五行增值」一書理念相同，讀者可先看此書，以建立這方面的基礎。

在先天八字中，我們可以看到命主的成敗得失，吉凶禍福，若人命的正五行配置很好，又是個有成就的人，但調候方面卻出現很大問題時，我們要怎樣看待這種矛盾情況呢？命是好？是壞？答案是：「有好亦有壞！」這是否有點無寧兩可呢？當然不是，我們應該是這樣理解，現實裡有些人有財有勢，地位也超然（正五行財官佔優），但身心不快樂，身不由己（調候欠佳），如此便形成內與外的好壞參半了。相反，一個沒有多大成就的普通人（正五行財官佔優），但卻活得很有意義，每天都很感恩也很開心（調候甚佳），這是一種做人的態度，也是筆者為人推命時所著重的。

不防舉一個例子，有一位朋友賺很多錢，是位外科手術醫生，辦醫療集團，月入達十多萬（正五行財官佔優），但只知工作，不懂休息與享受，沒時間顧及妻兒，身心都欠安康穩定，是非不絕（調候欠佳）。

人生是複雜的，現代觀命者更不能一成不變，死抱著舊觀念不放，要靈活變通，如果見到一個人的人命，真的不需要賺那麼多錢，那麼多位權，便老實告訴他自由和快樂其實很簡單，一直在他眼前。

因此，見到一個人在調候方面有先天優勢時，基本上已是一個好命，不須要只釘著財官來看，人活在健康環境，身心平衡，比一切都重要，大家認為對嗎？看看這兩年的世界疫症大流行，便知曉一切，每天都要戴著口罩的你和我，心情是怎樣？世人最重要的就是這麼簡單，原來是一口氣，一口清新的空氣而已，其餘一切外表物質都不能比擬。

心田書目

書名	系列	書號	定價
掌相配對－速查天書	知命識相系列(2)	9789887715146	$100.00
五行增值－子平氣象	知命識相系列(9)	9789887715139	$120.00
子平真詮－圖文辨識	中國命相學大系：(23)	9789887715122	$120.00
子平百味人生	知命識相系列(8)	9789887715115	$90.00
三命通會－女命書	命理操作三部曲系列(22)	9789887715108	$100.00
窮通寶鑑 命例拆局	命理操作三部曲系列(21)	9789887715078	$130.00
太清神鑑 綜合篇	命理操作三部曲系列(20)	9789887715061	$120.00
太清神鑑 五行形相篇	命理操作三部曲系列(19)	9789887715030	$120.00
課堂講記	命理操作三部曲系列(5)	9789887715009	$120.00
易氏格局精華	命理操作三部曲系列(4)	9789881753755	$160.00
五行增值	命理操作三部曲系列(3)	9789881753755	$100.00
六神通識	命理操作三部曲系列(2)	9789889952679	$90.00
八字基因升級版	命理操作三部曲系列(1)	9789881687807	$130.00
神相金較剪(珍藏版)	中國命相學大系(1)	988987783X	$160.00
人倫大統賦	中國命相學大系(4)	9789889952600	$70.00
八字古詩真訣	中國命相學大系(5)	9789889952648	$100.00
神相鐵關刀全書全書	中國命相學大系(13)	9789887715054	$160.00
滴天髓古今釋法	中國命相學大系(8)	9789881753762	$100.00
玉井奧訣古今釋法	中國命相學大系(9)	9789881877017	$100.00
世紀風雲命式	中國命相學大系(13)	9789881687715	$100.00
滴天髓命例解密 全書	中國命相學大系(18)	9789887715092	$160.00
神相麻衣全書	中國命相學大系(12)	9789887715016	$160.00
命理約言	中國命相學大系(14)	9789881687772	$100.00
心相篇	中國命相學大系(15)	9789881687845	$100.00
神相冰鑑	中國命相學大系(16)	9789881687890	$100.00
神相照膽經全書	中國命相學大系(17)	9789881687746	$160.00
掌相奇趣錄	知命識相系列(7)	9889877864	$60.00
命相百達通	知命識相系列(6)	9889877856	$58.00
面相玄機	知命識相系列(4)	9789881753731	$65.00
面相理財攻略	知命識相系列(5)	9789889952693	$78.00
陰間選美	末世驚嚇(1)	9889877872	$46.00
聆聽童聲	童心系列(1)	9889877880	$46.00
五官大發現(漫畫)	玄學通識系列(1)	9889877821	$38.00
拆字天機全書	玄學通識系列(4)	9789881877000	$130.00
字玄其說	玄學通識系列(3)	9889877899	$68.00
玄空六法現代陽宅檢定全書	玄空釋法系列(1)	9789887715085	$160.00
風水安樂蝸	玄空釋法系列(2)	9789881687869	$88.00
八字財經	玄空通識系列(6)	9789881687838	$100.00
玄易師（相神篇）	心相禪系列(3)	978988901877055	$68.00
子平辯證	玄學通識系列(4)	9789881753779	$90.00

八字拆局	玄學通識系列(5)	9789881877062	$90.00
真武者之詩1　武狂戰記	超動漫影象小說　(1)	9789881753793	$66.00
真武者之詩2　戰東北	超動漫影象小說　(2)	9789881877013	$68.00
真武者之戰3地界七層塔	超動漫影象小說　(3)	9789881753793	$68.00
真武者之神　神龍記	超動漫影象小說　(4)	9789881687739	$68.00
三國日誌　NO.1	人工智能漫畫系列　01	9789889952624	$48.00
三國日誌　NO.2	人工智能漫畫系列　02	9789889952631	$48.00
海嘯風暴啓示錄　NO.1	人工智能漫畫系列　03	9789881753748	$48.00
西遊解心經	人工智能漫畫系列　04	9789881687852	$68.00
鬼怪事典1	超動漫影象小說　(5)	978988168771	$55.00
鬼怪事典2	超動漫影象小說　(8)	9789881687777	$58.00
鬼怪事典3	超動漫影象小說　(12)	9789881687722	$68.00
鬼怪事典4	超動漫影象小說　(13)	9789881687883	$68.00
鬼怪事典5	超動漫影象小說　(14)	9789881175023	$68.00
鬼怪事典6	超動漫影象小說　(15)	9789881175047	$78.00
漫畫時代1	超動漫影象小說　(6)	9789881687753	$55.00
神龍記　上　漫畫+小說版	超動漫影象小說　(7)	9789881687708	$60.00
大聖悟空　1　微漫版	超動漫影象小說　(9)	9789881687784	$65.00
大聖悟空　2　微漫版	超動漫影象小說　(10)	9789881687821	$65.00
大聖悟空　3　微漫版	超動漫影象小說　(11)	9789881687876	$65.00

實體書【補購站】

電郵：tcwz55@yahoo.com.hk

（讀者補購以上書籍，請往下列書局）

可享折扣優惠

陳永泰風水命理文化中心　23740489

九龍彌敦道242號立信大廈2樓D室

上海印書館　25445533

香港中環德輔道中租庇利街17-19號順聯大廈2樓

鼎大圖書　23848868

九龍油麻地彌敦道568號僑建大廈五樓

陳湘記書局　27893889

九龍　旺角　通菜街130號

星易圖書　39970550

Email：xinyibooks@yahoo.com.hk

查詢圖書資料　電郵地址：tcwz55@yahoo.com.hk　聯絡：謝先生

八格配五變局的：再延伸！

命理操作：五步曲

課堂講記

◎三百五十八個非一般命式，當中有多種不同判斷技巧

◎教你追蹤八字透干及藏根，引動之五行六神微妙變化

◎繼承了【滴天髓】的真訣，根源、流住、始終之秘法

◎本套專書為久學八字者而設，是古今命學…增強版

【第五部曲　學成編】

【第四部曲　延續編】

【第三部曲　應用編】

【第二部曲　進階篇】

【第一部曲　初基編】

密切留意　心田文化　展示版

http://comics.gen.hk

易天生老師

第二部闖出國際的作品

於南韓全國發行

心田文化出品

命相經典！

神相金較剪

第一部台灣全國發行：

五官大發現

第二部南韓全國發行：

yes24.com/Product/Goods/71833562

易天生老師南韓大丘新書發佈會 活動實錄

2019年遠赴南韓大丘市，最大書店教保文庫，頂層舉行作者簽書會，並與當地讀者作即時交流，解答在場人士的相學問題。

南韓大丘 活動實錄

轉載自易天生官方網站社交平台：
https://www.facebook.com/yitis55

facebook.com/tcwz55

易天生

心情好緊張

見証五官兒子在南韓的...出生

文樂和其他30人　6則留言

易天生

南韓大邱最大的書店"教保文庫"

新書經已在南韓出版，四月六日星期六，出版社安排了一場活動，在教保文庫舉辦與南韓讀者朋友的見面會。

心情有點緊張。

易天生

教保文庫書店門口

放上了我今天交流活動的宣傳

牌，嚇我一跳。

文樂和其他30人

易天生

五官的韓文翻譯..申美燮小姐

我本書國語夾雜廣東話，又多名詞術語，一点也不好翻譯，申小姐可謂勞苦功高。

文娟、Hui Chi Yeung和其他25人　5則留言

易天生

易天生

分享會正式開始

現場坐滿了來自南韓各方的讀者朋友
感謝白水振教授為我翻譯
準備了一晚的講稿，和拿了一些作品
都展示出來，起初還有点緊張
也漸漸平穩下來

易天生

教保文庫內五官廣告宣傳

每層都放佈着
真的十分重視我這本書。

易天生

在韓國的女讀者

大邱一間很別致的咖啡店
為老板娘簽名留念。

41　4則留言

易天生

那天讀者會上，還介紹了…

我未來的水墨畫路向，因此那天大家都很捧場購書，心裡十分感謝南韓讀者，和專誠由首爾出版社前來的兩位小姐，一早在書店作妥善安排。

還有白教授和申小姐的幫忙翻譯，才令今次活動得以成功。

易天生

出版社安排了

交流會因讀者的熱情超了時
結束後立即趕去這間充滿園藝特色飯店
共進晚餐。

易天生

活動完畢，為在場的南韓朋友簽名

收到各方面的回響
是次新書發佈會獲得好評和成功。

文滄、Amino Acid和其他122人　32則留言

易天生

交流會圓滿結束

書店上工作的讀者朋友, 帶了太太來捧場, 高興又添一位新讀者啊。

文滄和其他30人

良種紙上播　善筆植心田

窮通寶鑑

命例拆局

中國命相學大系

作者／易天生
出版／心田文化
封面畫作／謝志榮
地址：香港干諾道西135號錦添工業大廈R樓十三室
面書專頁：facebook.com/yitis55
出版社專區：facebook.com/yitis55255
電郵地址：tcwz55@yahoo.com.hk
網址：comics.gen.hk
美術／果知
排版／心田文化
印刷制版／卓智數碼印刷有限公司
地址：九龍荔枝角醫局西街1033號源盛工業大廈10樓5室
電話：27863263
發行／：香港聯合書刊物流有限公司
地址：香港新界大埔汀麗路36號中華商務印刷大廈地下
電話：23818251
初版日期：2022年4月 初版
定價：HK$一百三十元正

國際書號ISBN:978-988-77150-7-8

心田文化

良種紙上播
善筆植心田